JN409496

대대리별곡

대대리별곡

김순경 수필집

수필과비평사

■ 작가의 말

가슴속에 낙엽이 쌓이면 글을 쓴다. 심연의 밑바닥에서 소용돌이치는 뭔가를 누에가 실을 게워내듯 풀어낸다. 그 실에 확대경을 들이대고 보면 인연의 끈과 망상의 끈이 수두룩하다.

수필은 쉽게 쓸 수 있는 것이라고 엉뚱한 생각을 했다. 그러나 시작한 지 얼마 되지 않아 글을 쓴다는 것이 만만치 않음을 알았다. 자신의 고백을 적절한 언어 선택과 기승전결을 만들어가는 게 쉽지 않았다. 머리와 가슴이 따로 놀고 글의 앞뒤가 혼란스러웠다.

처음에는 술술 잘 풀리는 것 같아 빠르게 글을 써 내려갔지만, 다시 읽어보면 의미 전달이 제대로 되지 않아 답답했다. 멋모르고 선뜻 들어선 길은 만만치가 않았다. 감동적인 글이 아니라도 좋다. 한 줄이라도 독자가 공감하는 글을 쓰고 싶어 수필에 매달렸다.

나는 긴 시간 공학도의 방에 갇혀 있었다. 눈에 보이는 것에만 지나칠 정도로 집착하는 공학에 익숙했다. 밤하늘에 뜬 달도 앞면만 보고 판단했다. 사유의 폭과 시야가 점점 좁아지자 사물의 내면을 들여다보는 능력도 퇴보하는 것 같았다.

늦게나마 수필을 통해 다른 세상을 만났다. 이제는 문지방 너머 수필의 방을 향해 한 걸음씩 천천히 다가서려 한다. 그 자체가 나에게는 큰 즐거움이기 때문이다. 그런 마음을 담은 졸작으로 첫 수필집을 발간하게 되었다.

잠자던 기억들을 되새김질하게 해준 분들께 진심으로 감사드리며, 늘 힘이 되어준 가족들에게 고마움을 전한다.

2017년 여름

김순경

■ 차례

1부
소의 생이별

2부

대대리별곡

3부

할아버지의 가을 산행

4부

풀의 영혼

5부

촌수 없는 식구

1부

소의 생이별

울면서 끌려가는 소를 바라보는 어미는 머리를 휘두르며 더 크게 울었다. 인정 없는 소 장수는 아무것도 모르는 송아지를 잽싸게 트럭 위로 밀어 올렸다. 새끼가 차에 실려 어디론가 떠나가면 어미의 큰 눈에서 눈물이 주르륵 흘러내렸다. 소의 생이별을 지켜보던 할아버지는 말없이 뒤돌아 앉아 담배를 가득 채운 곰방대에 불을 붙이셨다.

까까머리 이발사

머리 모양에는 많은 정보가 들어 있다. 직업이나 신분은 물론이고 살아온 세월도 짐작하게 한다. 타고난 사람의 성품처럼 한번 정해지면 쉽게 바뀌지 않는 게 머리 모양이다. 심경에 변화가 있거나 어떤 계기로 바꾼다 해도 크게 그 범주를 벗어나지 못한다. 이사를 해도 자신의 이미지를 기억해주는 단골 이발소나 미용실을 찾는 것도 그 때문이라 생각된다.

자신의 의지와 달리 스타일을 바꿔야 할 때도 있다. 스님은 계율을 따라야 하고 군인과 학생은 군율과 학칙에 맞게 머리를 깎고 잘라야 한다. 같은 군인이라도 장교와 사병처럼 신분이 다르면 머리 모양도 달라진다. 영혼이 자유로운 예술가는 자유분방함을 선호하지만, 법조인이나 서비스업 종사자는 흰머리든 검은 머리든 단정함이 기본이다.

시대적 상황에 따라 머리 모양도 변했다. 상투를 틀었던 긴 머리가 일제강점기에는 짧아졌다가 서양문화가 들어오면서 지금처럼 다양하게 변했다. 혈기 왕성한 청소년들은 일탈의 머리 모양으로 기성세대에 반발하기도 한다. 귀를 덮는 장발이 끝나자 온갖 색상으로 머리카락을 염색하더니 이제는 불규칙적으로 깎은 투 블록이 많이 보인다. 처음 볼 때는 어색했지만 자주 보니 익숙해진다. 이런 모습을 보면 나의 유년시절이 생각난다.

나는 초등학교 상급생 때부터 앞머리는 기르고 뒷머리만 단정하게 깎는 하이칼라를 하고 다녔다. 동네 친구들 대부분이 까까머리를 하고 다닐 때였다. 나는 돌지 않는 사인볼이 시멘트벽에 그려져 있는 동네 이발소에서 이발했다.

이발소에 가면 의자에 걸쳐진 빨래판 위에 앉았다. 이발사는 묻지도 않고 망토 같은 새하얀 나일론 천을 몸에 둘러씌우고 빨래집게로 고정했다. 머리를 쿡 눌러 각도를 잡아주면 바닥만 바라보고 정지된 화면처럼 앉아 있어야 했다. 흰 나일론 위에 떨어지는 머리카락은 미끄럼을 타듯이 천천히 바닥으로 떨어졌다. 고개를 숙이고 앉아있는 내 귀에는 이발기의 째깍거리는 소리만 들렸다. 이발사의 흰 옷 호주머니에 꽂혀있던 빗으로 머리를 고르면 이발기의 역할은 끝이 나고 가위질이 시작됐다.

공기를 자르며 출격 준비를 하던 은백색 가위가 내 머리 위로 날아왔다. 빗과 어우러진 가위는 춤을 추듯 쉴 새 없이 머리 위에서 리듬을 탔다. 거울에 비치는 이발사의 손놀림은 노련한 마술사 같았다. 단차를 고르는 가위는 뒤통수를 찌르거나 귀를 자를 것처럼 작은 입을 빠르게 나불거렸다. 가위질이 끝난 뒤통수는 언제나 파르스름하게 주눅이 들어 있었다.

중학생이 되면서 나는 다시 까까머리가 되었다. 처음 머리를 몇 번 깎아주던 형님이 입대를 하자 마땅히 대신할 사람이 없었다. 내 머리는 내가 깎기로 마음먹었다. 앞부분은 거울을 보면서 쉽게 깎을 수 있었지만, 뒷부분은 이발기를 반대로 잡고 앞뒤 거울을 보면서 왼손과 오른손을 사용해 이발했다. 쉽지 않았지만 재미있었다. 지켜보던 할아버지는 중도 제 머리는 못 깎는데 하면서 웃으셨다. 이렇게 시작된 까까머리는 고등학교를 졸업하면서 끝났다가 입대를 하면서 3년간 이어졌다. 까까머리 나의 모습은 아직도 앨범 속에 남아 있다.

까까머리를 볼 때마다 작은 기억 하나가 애잔하게 떠오른다. 동생이 초등학교 졸업반이었을 때였다. 경주로 수학여행을 간다면서 기분이 한껏 들떠 있었다. 급장이었던 동생은 집에 놀러 온 친구들과 수학여행 갈 준비를 하고 있었다. 준비가 끝나면 이발을 하러 간다고 했다. 내가 깎아 주겠다고 하면서 의자에 앉혔다. 평소에 사용하던 이발기를 머리에 들이댔다. 불도저가 길을 닦듯이 이발기가 밀고 올라가자 동생은 몸을 흔들면서 짜증을 냈다. 나는 기계에 문제가 있어 머리카락이 뽑히는 줄 알고 천천히 올라갔다. 이발을 다하고 나서야 알았다. 그게 아니라 하이칼라를 원했다는 것을. 머리 모양에 무관심하던 나는 물어보지도 않고 별 생각 없이 깨끗하게 밀어버린 것이다. 이미 엎질러진 물이었다. 결국, 중학생이었던 내 머리와 같은 까까머리로 만들고 말았다.

이발은 끝났지만, 한동안 자리를 뜰 수가 없었다. 나는 아무 말도 하지 못하고 가만히 서 있었다. 이발하는 내내 숙이고 있던 머리를 든 동생의 두 눈은 벌겋게 변해 있었다. 머리카락이 떨어지던 하얀 가운에도 눈물 자국이 선명하게 남아 있었다. 머리를 감는 뒷모습을 바라보는 나는 어떤 말도 하지 못했다.

감은 머리를 수건으로 닦던 동생은 작은 거울 앞에서 한동안 말없이 서 있었다. 나는 그 주변을 맴돌면서 눈치만 살폈다. 아무 일도 없었다는 듯이 이발 기구를 정리하고 의자를 옮겼지만, 모든 신경은 그쪽을 향하고 있었다. 말릴 것도 없는 머리를 몇 번이고 닦더니 밖으로 나왔다. 얇은 왜낫 두 자루를 들고 밖에서 기다리던 내가 삽짝을 나서자 동생은 말없이 따라왔다.

벼를 베러 들로 나갔다. 소 닭 보듯 서로 눈길도 마주치지 않고 마을 고샅길을 걸었다. 길지 않는 그 길이 그날은 왜 그리 멀게만 느껴지는지. 잘 닦여진 들길을 걷는 동안 붙임성이 좋고 명랑하던 동생은 말없이 저만큼 뒤처져 따라왔다. 머리를 만지면서 따라오는 동생을 빨리 오라고 할 수도 없었다. 일하러 나가는 내내 동생의 눈에는 눈물이 그렁그렁했고, 애써 앞만 보고 걷는 내 발걸음도 한없이 무거웠다.

동생이 수학여행 가는 날이었다. 창이 달린 새마을 지도자용 초록색 모자를 쓰고 있었다. 쾌활하고 밝던 모습은 어디에도 없었다. 모자를 쿡 눌러쓰고 집을 나서는 모습을 나는 지켜보기만 했다. 그날 내 마음은 경주에 있는 동생에게 가 있었다. 동생이 가져온 수학여행 사진도 나는 몰래 보았다. 사진 속 동생은 혼자 모자를 쓰고 있었다. 그날 나는 왜 그랬을까.

어느새 그 동생도 이순耳順을 바라본다. 검고 촘촘하던 머리카락도 이제는 서리 맞은 잡초처럼 듬성듬성 그 영역만 지키고 있다. 아쉬움이 더 남기 전에 이 말을 꼭 전하고 싶다. 그때 참 많이 미안했다고. 까까머리만 보면 나는 그 일이 생각난다.

논매는 소년

벼는 꼿꼿하게 자란다. 여름 내내 하늘을 찌를 듯이 팔을 뻗는다. 키가 클수록 무명실같이 가는 뿌리는 더 깊게 땅속으로 파고든다. 작은 바람에도 휘청거리던 벼가 당당하게 자리를 잡으면 초록 벼 잎은 점차 짙어진다. 초복 더위가 지나면 일렁이는 물결도 하루가 다르게 커져 간다.

어린 나는 여름이 되면 걱정이 앞섰다. 스무 마지기 넘는 논의 김매기 때문이었다. 대나무 고동을 골무처럼 손에 끼고 논매는 일꾼들의 등에 붙은 쇠파리를 쫓았다. 가축의 피를 빠는 쇠파리는 땀에 젖은 일꾼들을 괴롭혔다. 침을 쏘고 달아나는 벌보다 더 지독하게 따라다녔다. 나는 잎이 있는 긴 대나무로 논매는 일꾼들의 등을 쉴 새 없이 두드렸다.

초등학교 4학년 때였다. 김매는 제초기가 유행처럼 동네에 들어왔다. 제초기의 앞부분은 벼 포기 사이를 잘 헤집고 나갈 수 있는 유선형이었고, 뒷부분에는 논바닥을 파헤칠 수 있는 날카로운 갈퀴로 만든 두 개의 바퀴가 있었다. 트랙터처럼 논바닥을 갈아엎는 작은 제초기는 제법 무거웠다. 나는 이 기계의 주인이 되어 무논을 밟기 시작했다. 쇠파리를 쫓으며 새참을 나르던 보조가 아닌 주전 선수가 된 것이다.

나는 형님을 따라 이른 아침부터 논으로 갔다. 이슬이 멈춘 듯 옅은 안개가 남아 있는 들녘은 한 폭의 수묵화였다. 밝아오는 여명은 강물에 발을 담근 산자락을 하얀 여백으로 만들었다. 훌쩍 자란 벼 잎에는 은구슬 같은 아침 이슬이 송알송알 맺혀 있었다. 작은 거미줄에도 꽤 굵은 물방울이 대롱거렸다. 아침 이슬을 마시던 여치는 갑작스러운 이방인들의 발걸음 소리에 놀라 달아났다.

형님이 먼저 벼 포기 사이로 힘차게 제초기의 앞부분을 밀어 넣으면 이어서 나도 밀어 넣었다. 작은 갈퀴들이 맑은 물속의 논바닥을 파헤치면 흙탕물이 피어올랐다. 개구리가 놀라 도망치고 평화롭던 무논의 아침은 무슨 난리라도 난 듯이 분주해졌다.

나는 긴 바지를 걷지도 않고 부드럽고 찰진 진흙 속으로 천천히 발을 들여놓았다. 형님이 먼저 출발하면 그 옆줄에서 뒤따라 갔다. 기나긴 장정이 시작되는 순간이었다. 갯벌과 같은 논바닥에서 기계를 밀다 보면 발은 점점 더 깊게 빠졌다. 발을 빼느라 균형이 무너지면 날카로운 갈퀴는 사정없이 벼를 뭉개고 지나갔다. 이렇게 한 줄 한 줄 논을 매다 보면 이슬이 다 마르기도 전에 팔에 힘이 빠졌다. 온 힘을 다해 조심스럽게 밀고 가는 한 줄이 그렇게 멀어 보일 수가 없었다.

그림자가 반으로 줄어들 때쯤이면 새참을 먹었다. 맑은 물이 흐르는 도랑에 발을 담그고 논두렁에 나란히 걸터앉아 빨간 콩이 드문드문 박혀 있는 노란 밀개떡을 먹었다. 목이 메면 물속에 담가둔 노란 주전자의 주둥이를 입에다 대고 물을 마셨다. 불러오는 배의 반은 물이었다. 가끔은 동네 어귀에 있는 가게에서 건빵을 사다 먹기도 했다. 건빵을 먹고 물을 마시면 시간이 갈수록 배가 불러왔다. 물이 모자라면 논 어귀 용천에서 물을 떠다 마셨다. 나는 수렁 같은 진흙에서 빠져나오는 이 시간이 늘 기다려졌다.

소똥이 단단해지는 한낮이 되면 논바닥 열기가 숨쉬기조차 힘들었다. 논바닥 수증기가 소리 없이 피어오르고 얼굴의 땀띠가 벌겋게 달아올랐다. 어울리지도 않는 큰 보릿짚 모자를 써도 무논에서 반사되는 햇빛은 어쩔 수가 없었다. 시간이 지나면서 제초기 소리도 숨소리만큼이나 거칠어져 갔다.

짜증스럽게 제초기를 밀 때쯤이면 형님은 이야기보따리를 풀었다. 나는 별 내용 없는 형님의 무용담에 언제나 빠져들었다. 비슷한 이야기가 도돌이표처럼 반복되었지만 들을 때마다 새로웠다. 가설극장 영화 필름처럼 끊어지기 일쑤였다.

가끔 멀리서 뜸부기 소리가 들리면 논두렁의 하얀 백로는 하늘을 날아올랐다. 들녘을 훨훨 날다가 구름 속으로 사라졌다. 나는 하던 일을 멈추고 백로가 보이지 않을 때까지 바라보았다. 자유롭게 날아가는 백로는 무논에서 벗어나고 싶은 현실 속의 나였다.

김매기는 입추를 지나 처서까지 이어졌다. 논바닥 풀을 다 매고 나면 논두렁 풀도 깔끔하게 벴다. 그래야 논매는 일은 끝이 났다. 논이 말끔해지면 형님과 나는 부산에서 취업준비를 하던 큰형님에게 갔다. 새까맣게 그을린 동생들이 자취방을 찾아오면 맛있는 음식도 만들어주고 구경도 시켜주었다. 그때 큰형님이 끓여준 된장찌개 맛은 반세기가 지난 지금도 잊을 수 없다.

지금은 그 모든 것이 다 사라졌다. 온 식구의 생명줄이었던 무논은 비닐하우스로 변했고, 분신처럼 나를 데리고 다녔던 형님들은 다시 올 수 없는 먼 곳으로 떠나갔다. 가끔 고향 집에 가면 벌겋게 녹슨 제초기만 어두운 헛간에서 옛 주인을 반긴다. 입추를 앞둔 녹색 들녘엔 천천히 무논에 발을 담그던 형님의 하얀 발등이 스쳐 간다.

용접공의 꿈

40년 만에 용접기 앞에 서 있다. 수천 도의 열기와 먼지가 뒤범벅인 용접에 모든 열정을 쏟아붓다가 다시는 용접을 하지 않겠다고 다짐했던 때가 생각난다. 용접을 통해 꿈을 실현할 수 있을 거라는 막연한 기대감이 현실과 마주치면서 사라졌던 때가 있었다.

내가 용접과 인연을 맺은 것은 고등학생 때였다. 실습이 끝나면 용접공이 되어 중동 건설현장으로 간다는 선생님의 말씀만 믿고 꿈을 키웠다. 국내의 열 배가 넘는 임금을 받을 수 있다는 말에 우리는 고무되었다. 친척들도 동네 친구들도 부러워했다.

우리는 밤낮으로 불꽃을 어르고 달랬다. 무더운 여름에도 용접공의 투구와 갑옷을 입고 용접 가스와 뜨거운 열기가 넘치는 밀폐된 좁은 실습실에서 밤늦게까지 땀을 흘렸다. 불야성을 이루는 실습장은 전장을 방불케 했다. 하루에도 몇 번씩 찬물을 뒤집어쓰면서 체온을 유지했다. 용접봉이 타들어 가면 태양만큼이나 강렬한 빛과 숨막히는 가스가 발생한다. 이것이 얼마나 해로운지 잘 알고 있었지만 피할 수가 없었다. 나는 집안의 희망이고 등불이 되고 싶었기 때문이다.

고등학교 졸업을 앞두고 조선소 훈련원으로 실습을 나갔다. 하늘이 처음 열렸다는 개천절에 공업탑과 시청을 돌면서 친구들과 빨간 장미꽃을 배경으로 사진을 찍고 입소를 했다. 친한 친구들이 예비고사 준비에 마지막 힘을 다하고 있을 때 나는 용접공이 되기 위해 방어진행 버스를 탔다. 노랗게 물든 은행잎만 달개처럼 반짝이며 길가에서 손을 흔들어 주었다.

바닷가에 자리 잡은 거대한 조선소 정문에는 헌병 같은 경비원들이 출입을 통제했다. 훈련생을 가르치는 교관들도 모두가 군간부 출신이었다. 훈련생들이 마음에 들지 않으면 오리걸음과 같은 얼차려도 주었다. 마치 교련 시간의 연장과도 같았다. 성적이 나쁘면 퇴소시킨다는 교관의 말에 불평 한마디 하지 못하고 열심히 용접만 했다.

용접은 서로 다른 강철끼리 연을 맺어주고 새로운 생명을 불어넣는 작업이다. 도도하고 강하기 그지없는 강철을 하나로 합치기는 쉽지 않다. 한 쌍의 부부가 탄생할 때까지 중매쟁이의 끈질긴 노력이 필요하듯 용접도 마찬가지다.

강철은 섭씨 3천 도가 넘는 뜨거운 열기에도 선뜻 자신의 몸을 내어주지 않는다. 서로 눈치를 보면서 몸만 달구다가 어느 순간 한몸이 되어 소용돌이친다. 비위에 맞지 않으면 작은 화산처럼 폭발하기도 한다. 뜨거운 열기가 한바탕 휘젓고 지나가면 거만하고 도도하던 쇳덩이도 용암처럼 새로운 모습이 된다.

실습은 시간이 지나면서 점차 고난도 용접기술로 이어졌다. 가장 난이도가 높은 위보기 용접을 할 때였다. 천장에 이슬처럼 대롱거리던 뜨거운 쇳물이 무게를 이기지 못하고 떨어졌다. 천 도가 넘는 쇳물은 내 새끼손가락 마디 위에 떨어졌다. 순간 장갑을 벗으려고 했지만 잘 벗겨지지 않았다. 손가락 살이 타는 냄새를 맡고 말았다.

쓰라린 손가락을 움켜쥐고 훈련원 사무실로 뛰어갔다. 급히 가던 나는 문 앞에 멈춰 섰다. 아픈 것도 잊은 채 문 옆으로 몸을 피했다. 사무실 안에는 갓 피어난 꽃과 같은 꽁지머리의 여직원이 앉아 있었다. 교복을 갓 벗은 티가 나는 실습 나온 여학생이었다. 그 여직원은 바로 내 초등학교 중학교 동기였다. 몇 년이나 같은 반에서 공부하던 친구였다. 새하얀 블라우스에 까만 판탈롱 바지를 입고 있던 그 친구는 어엿한 처녀티가 났다. 근엄하고 무섭기까지 하던 교관들과 웃으면서 이야기하는 모습이 창 너머로 보였다. 용접 불똥으로 군데군데 타들어간 작업복을 입은 내 모습이 유리창에 오버랩되고 있었다. 나는 선뜻 들어가지 못했다. 그냥 돌아설까 하고 망설였지만, 화상을 입은 손이 너무 아팠다. 조심스럽게 사무실 문을 열고 조용히 들어섰다. 모든 시선이 나에게로 쏠렸다.

난로 옆에서 잡담하고 있던 해군 중사 출신 교관이 왜 들어왔냐고 큰 소리로 물었다. 유달리 땅딸막한 체구로 얼차려를 많이 주던 무서운 교관이었다. 나는 잠시 머뭇거리다 친구가 앉아 있는 반대쪽을 보면서 아픈 손을 보여주었다. 뜨거운 쇳물에 분화구처럼 움푹 파인 그곳에서는 진물이 흘러내렸다.

이때 타자기 앞에 앉아 있던 그 친구와 순간적으로 눈이 마주쳤다. 내 이름을 부르면서 가까이 다가왔다. 진물이 흐르는 내 손가락을 보고 화들짝 놀랐다. 얼른 약통을 들고 왔다. 빨간 십자가 그려진 새하얀 약통 속에는 화상용 연고와 붕대, 그리고 반창고가 들어 있었다. 친구는 어설픈 솜씨로 연고를 바르고 붕대를 감아주었다. 나는 친구의 얼굴을 쳐다보지 않고 붕대만 내려다보았다.

마지막 반창고를 바르자마자 나는 사무실 문을 열고 도망치듯 빠져나왔다. 걱정스러운 눈빛으로 바라보던 친구에게 고맙다는 말도 제대로 하지 못했다. 온몸에 뜨거운 열기가 확 뻗쳐왔다. 용접할 때보다 더 화끈거렸다. 가슴 속에는 무엇인가가 타고 있었다. 삭막한 조선소를 쓸고 지나가는 영하의 세찬 겨울바람도 차갑지가 않았다. 나는 손가락이 아픈 것도 잊은 채 용접기를 향해 걷고 있었다.

해가 바뀌자 훈련원 수료와 동시에 중동으로 간다고 믿고 있는 우리를 현장으로 배치한다는 소문이 돌았다. 지금까지 키워온 꿈이 무너지는 소리였다. 병역미필자는 해외 근무가 불가하다는 것이었다. 처음에는 내 귀를 의심했다. 학교에 가서 항의도 해봤지만, 소용이 없었다. 날마다 선전을 하던 선생님들은 묵묵부답이었다.

세상 밖으로 나오자마자 헛발을 내디딘 우리는 숙소로 돌아와 밤새워 노래를 부르며 소주를 마셨다. 며칠 후 처음 만든 30만 톤 유조선의 진수식에 관한 뉴스를 들으며 나는 조용히 짐을 쌌다. 사직서도 내지 않고 아무도 모르게 짧은 조선소 생활을 마감했다. 키워왔던 용접공의 꿈은 이렇게 사라졌다.

지금은 학생들의 용접 실습 때문에 용접기 앞에 서 있지만, 용접 불꽃만 보면 꿈 많은 열아홉 어린 용접공의 모습이 다가온다.
하얀 붕대를 손에 감은 그때 그 모습으로.

소의 생이별

생이별보다 더한 슬픔은 없다. 인간의 슬픈 이야기는 생별이든 사별이든 이별에서 시작된다. 사람이나 동물은 태어나는 순간 이별의 순간이 점지되는 것 같다. 나는 몇 번의 이별을 경험했지만 그중에서도 유년시절에 보았던 송아지의 첫 이별이 가끔 생각난다.

지금은 농가에서조차 잘 볼 수 없는 소가 시골에서는 한 식구와 같았던 때가 있었다. 집집이 소를 한두 마리씩 키웠고 소가 없으면 농사를 지을 수가 없었다. 그때 농촌에서 부잣집이냐 아니냐는 소가 기준이 되기도 했다.

내가 초등학교에 입학할 때쯤이었다. 그날 할아버지는 아침부터 소의 출산준비를 했고 해가 중천에 떴을 무렵 송아지가 태어났다. 송아지는 태어나자마자 비틀거리며 일어서려고 애를 썼다. 어미소는 새끼의 털에 묻은 양수를 깨끗하게 핥아 주었다. 갓 태어난 송아지는 일어서려다 넘어지기를 반복하면서도 포기하지 않았다. 나는 애처롭게 비틀거리는 송아지를 도와주고 싶었다. 어미는 새끼가 일어설 때까지 작은 소리로 격려를 계속했다. 얼마 지나지 않아 새끼는 가느다란 다리를 부들부들 떨면서 일어섰다. 어미는 대견하다는 듯이 긴 혓바닥으로 새끼의 온몸을 다시 한 번 핥아 주었다. 태어나 바로 일어서지 못하면 송아지는 죽을 수도 있다고 할아버지가 말씀하셨다.

어미는 겨우 일어선 새끼를 젖이 있는 곳으로 슬며시 밀었다. 누가 가르쳐주지 않아도 더듬더듬 잘도 찾아갔다. 송아지가 초유를 빨기 시작하자 할아버지는 비로소 안도의 한숨을 내쉬었다. 새끼는 어미의 젖을 머리로 들이받으면서 정신없이 빨았다. 어미소도 그때서야 앞을 보고 편안한 자세로 섰다. 송아지는 온 식구의 축복을 받으며 그렇게 태어났다. 송아지는 아이가 태어났을 때처럼 많은 관심을 받았다. 이웃들도 부러워했다.

세상에 나오자마자 스스로 일어서고 젖을 찾는 소의 본능은 사람보다 나은 것 같았다. 의술이 발달하지 않았던 시절에는 아이가 태어나도 돌잔치를 하고 나서야 출생신고를 했다고 한다. 매년 수십 마리씩 태어나는 동네 송아지는 그렇게 하지 않아도 잘도 자랐다.

송아지가 젖을 빨자 할아버지는 바로 소죽을 안치셨다. 영양가 있는 콩 껍질과 소가 좋아하는 여물을 아낌없이 솥에 넣고 가장 보드랍고 영양이 풍부한 등겨도 많이 넣었다. 마지막으로 된장을 반 바가지 정도 풀어 간을 맞추다 보면 큰 소죽솥이 비좁게 보였다.

소죽솥 아궁이에서 장작이 활활 타오르면 온 가족의 희망도 커져만 갔다. 아지랑이처럼 아른거리는 열기는 삶의 꽃이고 솥에서 흘러내리는 뜨거운 물은 기쁨의 눈물이었다. 소죽솥의 증기가 울음소리로 변하면 구수한 냄새가 온 집안에 진동했다.

소죽을 안칠 때부터 외양간에서 긴 목을 빼고 지켜보던 어미소는 소죽 냄새가 나자 큰 머리를 흔들면서 재촉했다. 뜨거운 열기를 가득 품은 하얀 수증기가 얼굴을 덮어도 소죽을 푸는 할아버지의 얼굴은 환한 보름달 같았다.

그날은 외양간 바닥에 새 짚을 두툼하게 깔아주었다. 그리고 잡신이나 병균이 들어오지 못하게 금줄도 쳤다. 사람이 소에게 해 줄 수 있는 것은 다 해주었다.

마음껏 젖을 먹고 사랑을 받은 새끼는 하루가 다르게 무럭무럭

자랐다. 송아지는 한 칠도 지나지 않아 외양간에서 마당으로 나왔다. 이때부터 집안은 난장판이 되었다. 이리 뛰고 저리 뛰고 거침없는 행동으로 식구들을 놀라게 했다. 부엌문을 닫는 것은 물론이고 장독대로 가는 길목도 큰 작대기로 막았다. 노란 털이 빠지고 털갈이를 할 때쯤이면 도를 넘었다 싶을 정도로 심해졌다. 보리밭이든 채소밭이든 꼬리를 치켜들고 미친 듯이 뛰어다녔다. 젖을 빨 때도 어미의 큰 몸집이 흔들릴 정도로 세차게 들이받았다. 그래도 어미소는 배부른 새끼가 저절로 물러날 때까지 싫은 기색을 하지 않고 마냥 기다렸다. 엄마의 젖을 물고 만지는 아이와도 같았다. 할아버지는 이런 모습을 바라보면서 가끔 자식을 버리는 사람은 소보다 못하다고 하셨다.

송아지가 의젓해지는 연말이 되면 어김없이 소 장수가 찾아왔다. 비싸게 팔려는 할아버지와 싸게 사겠다는 소 장수가 줄다리기를 했다. 그 흥정은 길게 이어졌고 평행선을 유지했다. 한동안 말이 없던 거간꾼 아저씨가 서서히 그 간격을 좁혀 갔다. 이웃 동네 아저씨인 거간꾼의 역할은 대단했다. 어느 정도 가격이 조정되었다 싶으면 소 장수의 돈을 몇 장 더 빼앗아 할아버지께 건네면서 거래를 마무리지었다. 비싸게 샀다는 소 장수와 얼떨결에 팔았다는 할아버지의 거래는 그렇게 끝이 났다. 어미소는 아무것도 모르고 이 광경을 우두커니 바라보고만 있었다.

할아버지는 송아지가 팔렸지만 데리러 오는 날까지 시집가는 딸을 대하듯 하셨다. 소가 좋아하는 것을 더 챙겨주고 아침저녁으로 등도 쓸어주고 매만져 주었다.

송아지를 데리러 오는 날이 되면 준비해둔 굴레를 송아지의 작은 목에 채웠다. 이때까지도 송아지는 이 굴레가 어떤 것인지 모르는 것 같았다. 어미소는 달랐다. 이별의 시간이 다가오는 것을 아는지 이때부터 울기 시작했다. 어미가 울면 새끼도 따라 울었다. 엄마가 우는 영문도 모르면서 따라 우는 아기 같았다. 소 장수 차가 대문에 당도하면 온 동네가 떠나갈 듯이 크게 울었다. 울면서 끌려가는 새끼를 바라보는 어미는 머리를 휘두르며 더 크게 울었다. 인정 없는 소 장수는 아무것도 모르는 송아지를 잽싸게 트럭 위로 밀어 올렸다. 새끼가 차에 실려 어디론가 떠나가면 어미의 큰 눈에서 눈물이 주르륵 흘러내렸다. 소의 생이별을 지켜보던 할아버지는 말없이 뒤돌아 앉아 담배를 가득 채운 곰방대에 불을 붙이셨다.

주둥이가 유난히 까맣던 덩치 큰 우리 소가 새끼와 생이별하는 장면을 그 뒤에도 몇 번이나 더 보았다. 지금은 소가 한 마리도 없는 동네가 되었지만, 며칠 동안 눈물 자국이 마르지 않던 어미소가 생각난다. 가을이 익어 가면 그때의 이별이 더 진하게 다가온다.

못난 아들

인기척에 깜짝 놀라 잠이 깼다. 불침번을 깨우듯이 부르는 나지막한 목소리에 놀라 눈을 떴다. 불도 켜지 않은 캄캄한 밤에 큼지막한 얼굴이 나를 내려다보고 있었다. 아들이었다. 친구를 만나고 늦게 왔나 했더니 긴히 할말이 있다는 것이었다. 순간 불안감이 스치면서 회사에 무슨 일이 생겼구나 싶었다. 회사에 관한 것이라고 한다.

30여 년 전 나는 국내 굴지의 대그룹에서 신입사원으로 열심히 일하고 있었다. 그러던 어느 날 갑자기 그룹이 공중분해되면서 잠시 갈 곳을 잃고 방황했던 때가 생각났다. 의논할 수 있는 상대가 없어 혼자서 고민하다가 결국 몸살을 앓아누웠던 적이 있다. 고열과 통증으로 움직이기조차 힘들었지만, 하숙집 여주인의 보살핌으로 겨우 정신을 차렸다. 그날은 출근하지 못했다. 혹시 그런 경우가 아닐까 싶은 생각이 들었다.

아들은 누워 있는 내 팔을 붙잡고 놓지 않는다. 이런 적이 한 번도 없던 아들이라 뭔가 절박한 심정이구나 싶었다. 그러면서 다짜고짜 집밖으로 나가자고 한다. 비몽사몽간에 거실에서 하면 안 될까 하고 물었더니 엄마가 들으면 좋지 않다고 한다. 그 말에 주섬주섬 옷을 챙겨 입고 아파트 현관문을 따라나섰다. 엘리베이터를 타고 내려오는 동안 나는 그저 거울만 바라보고 있었지만, 온갖 상상을 하면서 머리는 바쁘게 돌아가고 있었다. 이때 아들은 슬며시 다가와 내 팔짱을 끼면서 늦은 시간에 아버지와 술을 마시면서 대화하는 것이 작은 소원이었다고 말하면서 환한 미소를 띠고 있었다. 이 순간 지금까지 상상했던 불안감은 눈 녹듯 사라졌다.

아버지가 한 이야기 중에서 가장 좋은 말이 '역지사지易地思之'라면서 연방 소곤거리는 말투로 너스레를 떨었다. 틈날 때마다 했던 이야기를 들추면서 우리는 밤공기를 한없이 들이마셨다. 찬 기운이 남아있는 밤공기는 시원했고, 밤하늘 별들은 한층 더 반짝였다. 대충대충 듣고 마는 것 같았는데 다 새겨들었구나 싶었다. 아파트 상가 근처에서 "아빠! 오늘 맛있는 것 좀 많이 사주세요."라고 한다. 나는 그 말이 너무나 듣기 좋았다. 지금도 그 말이 가슴에 남아 있다. 아! 내 아들이, 진정 아버지와 가까워지고 싶어한다는 생각이 들었다.

아는 술집이 별로 없어 큰소리치는 아들을 따라 무작정 동사무소 쪽으로 올라갔다. 골목에는 고요한 정적이 흘렀고 가로등만이 우리를 감싸주고 있었다. 아들을 따라 새벽 3시에 밤길을 헤매고 다녔다. 아파트 쪽으로 되돌아 내려와 유일하게 인기척이 나는 호프집 문을 밀고 들어갔다. 호프집 여주인은 문을 막 닫으려 했다는 말을 하면서도 자리로 안내했다. 중간쯤 칸막이가 있는 벽 쪽에 자리를 잡고 메뉴판을 펼쳤다. 아들에게 결정하라고 했다. 아들은 생맥주와 소시지볶음을 시키면 어떻겠냐고 해서 그러라고 했다. 하얀 거품이 힘차게 넘쳐나는 생맥주를 잔에 따르고 건배를 했다. 아들은 가족 이야기를 하면서 즐거운 표정으로 넉살을 피웠다. 평소에 찬 음식인 맥주를 마시는 경우가 거의 없었고, 지금은 한약을 먹고 있는 중이다. 절대로 술을 마셔서는 안 되는 기간이지만, 오늘은 아들이 원하는 것을 다 들어주고 싶었다.

아들은 드디어 하고픈 이야기를 시작했다. 지금 다니는 회사가 모 회사의 일감을 받지 못해 대량 해고가 예상된다는 이야기와 벌써 다른 회사에 합격해 두었다는 말을 자신감 있게 했다. 최종 합격한 회사는 업무적으로 배울 것도 많고 앞으로 유망한 분야라 좋지만, 급여가 조금 적다고 했다. 그러고는 어떻게 하는 것이 좋을지 판단이 안 선다고 하면서 내 생각을 물었다. 이야기를 대충 다 듣고 나는 말했다. 가급적이면 지금 다니고 있는 회사에 계속 다니는 것이 좋고, 아주 불가능할 때 그곳으로 가는 것이 좋겠다고 했다. 자주 옮기다 보면 실력을 쌓기도 어렵고 경력에도 도움이 되지 않으므로 좀 더 알아보고 판단을 하라고 했다. 다시 빈 잔을 채우면서 너무 초조해하지 말고 마음이 움직이는 대로 하라고 했다. 다가올 많은 도전에 대처하는 연습이 필요하다고도 했더니 아들이 말했다. 갈수록 장남이라는 단어와 형이라는 말이 참 무겁게 느껴진다고 했다. 나도 말했다. 그것은 천륜이므로 어떻게 마음대로 바꿀 수가 없다고. 아들은 부모님께 자주 연락을 하라고 동생에게 이야기한다고 했다.

아들의 얼굴을 바라보다가 옆을 힐끔 보니 맞은편 벽에 붙어 있는 디지털 시계의 붉은 숫자만이 텅 빈 홀을 밝히고 있었다. 시간이 지나자 아들도 점차 진정된 어조로 말을 이어갔다. 이렇게 부자간에 마주 보고 숨소리를 들으며 대화하는 것을 아들은 무척 즐거워했다. 남은 소시지 한 점을 입에 넣고 다시 술잔을 채웠다. 시끄럽게 떠들던 여자 손님들이 나가자 주인은 가게를 정리하고 있었다. 시계를 보니 벌써 새벽 5시를 넘어서고 있었다. 아들이 잽싸게 계산대 앞으로 갔다. 얇은 지갑을 내면서 얼마냐고 묻고 있었다.

집으로 돌아와 자리에 다시 누우니 여러 가지 생각이 들었다. 어떻게 한밤중에 아버지를 깨워 술집으로 데려갈 생각을 했는지 내 아들은 참 대단하다는 생각이 들었다. 정작 나는 아버지와 대작을 하면서 흉금을 털어놓고 이야기 한번 제대로 한 적이 없었다. 내 아버지도 당신의 아들이 이렇게 해주기만 기다렸지 않았을까. 이런저런 생각에 몸을 뒤척이다 보니 벌써 창밖이 훤하게 밝아 온다.

마른 갈대

고개 숙인 마른 갈대가 강가에 서 있다. 강변 찬바람을 받으며 투구를 쓴 병사들처럼 줄지어 강어귀를 지키고 있다. 한겨울 바닷바람에 명태처럼 바짝 말랐지만 물기 하나 없는 빈껍데기 이삭과 누런 줄기는 자리를 뜰 줄 모른다.

갈대는 대나무가 아니다. 얼핏 보면 비슷하지만, 자세히 보면 그렇지 않다. 대나무처럼 굵거나 크지도 않고, 질기거나 강한 성질도 없으며, 마디에서 뻗어 나가 균형을 잡아주는 잔가지도 없다. 그렇다고 대나무처럼 대궁이가 썩지 않고 오랫동안 버티는 것도 아니다. 봄이면 잡풀처럼 수북이 올라왔다 가을이면 수명을 다하는 여러해살이풀에 불과하다.

갈대는 어떤 척박한 땅도 쉽게 자신의 영역으로 만들 수 있지만, 염치없이 아무 곳에나 발을 뻗지는 않는다. 누구도 찾지 않는 바닷물과 강물이 폭탄주처럼 섞이는 황량한 그곳을 새로운 풍경으로 만드는 주인공이 된다. 한번 정착하면 쉽게 그곳을 떠나지 않는다. 예전에는 여기도 내 땅이었다고 말하는 몰락한 부자들처럼 논밭으로 변한 지 오래된 매립지 수로에서도 고개를 치켜든다. 그물망처럼 단단한 억센 뿌리는 펌프처럼 물을 빨아올리고 넓은 잎은 햇볕을 받아 끊임없이 자양분을 만든다. 늦은 봄, 넓은 들판의 벼가 뿌리를 내리기도 전에 갈대는 물가를 다 점령하고 녹색 파도가 되어 작은 바람에도 일렁거린다.

갈대가 없으면 텃새가 어찌 집을 짓고 철새가 찾아오겠는가. 박새나 직박구리 같은 텃새는 집 없는 떠돌이가 되어 고달픈 삶을 살았을 것이고, 기러기 떼도 그 먼 곳에서 V자를 그리며 날아오지 않았을 것이다. 어느 때 찾아와도 넓은 잎은 비가 새지 않는 지붕이 되어 주고 줄기는 든든한 기둥이 되어 안식처가 된다. 갈대 뿌리가 부지런히 개흙밭을 만들어 작은 곤충들을 불러 모으면, 말뚱게나 홍게, 짱뚱어 같은 바다 식구들이 집을 짓고 정착을 한다. 갈대는 바닷가 개펄을 숨 쉬게 하고 시시각각 다른 풍경을 일 년 내내 연출한다.

갈대가 없는 갯가의 풍경을 상상해 보라. 삭막하기 그지없을 것이다. 생명체가 없는 그곳은 뜨거운 바닷바람과 끝없는 파도에 침식당했을 것이다. 텃새의 속삭임도 철새의 군무도 없는 황량한 모래톱이 핏빛 석양을 외롭게 만들었을 것이다. 물결 위에 부서지는 거품 같은 갈꽃들이 눈부시게 햇살을 잘게 부수지도 않고, 수평선을 넘어가는 늦가을 석양도 흩날리는 갈꽃을 바라보며 아쉬워하지도 않았을 것이다.

갈대는 아무리 흔들려도 자리를 지킨다. 강바람이든 바닷바람이든 바람이 불면 몸을 낮춘다. 굳이 어디서 부는 바람이고 왜 부는지 따지지도 않는다. 강한 바람이 불면 영원히 일어설 수 없을 것처럼 쓰러졌다가도 잠잠해지면 오뚝이처럼 다시 일어선다. 어떠한 시류에도 뿌리째 편승하지 않고 소박한 자신만의 삶을 꿋꿋하게 꾸려간다.

한창 전쟁이 이 땅을 피로 물들일 때 종군기자가 찍은 어느 촌부 사진 한 장이 생각난다. 한 손에는 인공기를, 다른 한 손에는 태극기를 들고 엉거주춤하게 도롯가에 서 있는 사진이다. 이념도 적의도 없이 생물학적으로 열심히 살아가는 그 촌부처럼 어떤 바람에도 갈대는 삶이 자신의 본분임을 기억한다. 살아남는 자가 강한 자라고 중얼거리며 자손을 번식시키는 서민들처럼 제 갈 길만 간다.

철따라 찾아오는 철새나 이 땅에 터를 잡고 사는 텃새나 새들은 필요할 때만 갈대밭을 찾는다. 선거 때만 되면 시장을 돌고 경로당을 찾는 텃새나 철새들도 마찬가지다. 천지개벽이라도 될 듯이 야단법석을 떨며 조잘대던 철새가 사라지면 갈대밭은 일상으로 돌아간다.

마른 갈대가 솟대처럼 물가에 서 있다. 한겨울의 모진 추위와 세찬 바람이 다 지나가고 봄이 저무는 지금까지도 누런 삼베옷을 입은 늙은 맏상제처럼 자리를 지키고 있다. 곁가지 같은 마른 잎들이 다 떨어져도 기개 높은 유생들처럼 쉽게 허리를 굽히지 않는다. 털 빠진 갈꽃도 퇴역 장군의 투구 위에 매달린 상모처럼 자리를 지키고 있다.

마른 갈대도 청춘은 있었다. 작은 바람에도 짙은 녹색 잎을 흔들며 새들을 불러 모았고 어떤 풀보다 열심히 자랐다. 억센 소나기나 세찬 태풍에도 꺾이지 않았다. 숨 쉴 틈도 없이 바닷물이 밀려오고 강물에 휩쓸려도 비질하듯 햇살이 내려오면 다시 몸을 곧추세웠다. 흙탕물에 잠기고 바닷물을 덮어써도 갈대는 누워 있을 수가 없었다.

갈꽃은 피자마자 고개부터 숙인다. 갈색 이삭은 겨울 털갈이하는 들짐승의 털처럼 더부룩하지만 눈부시도록 작은 꽃씨는 가을 바람을 타고 멀리 날아간다. 늦가을 오후 햇살에 열기구처럼 천천히 날아가는 꽃씨를 보면 다시는 만나지 못할 것 같은 이별의 정이 느껴진다.

흔들리고 떠나가는 것이 반드시 슬픈 것은 아니다. 어느 시인의 말처럼 흔들리거나 젖지 않고 피는 꽃은 어디에도 없다. 갈대도 여느 식물처럼 흔들리며 꽃이 피고 씨앗이 되면 떠나간다. 갈대가 조용히 울고 있다고 한 시인도 있다. 나는 얼마나 더 바라봐야 속으로 우는 것을 알 수 있을지. 사철 갈대를 보면서도 운다는 생각이 잘 들지 않는다. 어느 철학자는 사람도 자연적인 존재로는 갈대처럼 약하지만, 생각하는 능력 때문에 위대하다고 했다. 약한 갈대는 생각이 없다는 것일까. 힘들게 살아가는 서민들처럼 바람에 쉽게 흔들리지만, 갈대는 쉽게 꺾이지는 않는다. 흔들리고 젖지 않았으면 꽃을 피우지도 씨를 날려 보내지도 못했을 것이다. 사람도 그럴 것이다.

갈대는 인도의 어느 깡마른 수행자처럼 오늘도 물 한 모금 입에 대지 않고 꼿꼿하게 서 있다.

호롱불

어둠을 헤치고 조용히 승천한다. 작은 숨결에도 흐느적거린다. 문풍지라도 우는 밤에는 깜짝 놀라 온몸을 파르르 떨다가 제자리를 찾는다. 쓰러지고 비틀거리다가도 바로 일어나 어둠을 몰아낸다. 하늘거리는 작은 불꽃은 밤마다 호롱의 꼭대기에서 춤을 춘다. 붉은 불꽃은 언제나 머리를 치켜들고 하늘로 올라간다.

손잡이가 달린 펑퍼짐한 몸통이 푸근함을 더해 준다. 주둥이가 까맣게 그을린 뚜껑은 긴 심지를 달고 상전처럼 하얀 몸통 위에 앉아 있다.

호롱에서 가장 중요한 부분은 한지나 실을 꼬아 만든 심지가 아닌가 싶다. 심지는 불룩한 몸통에 가득 채워진 석유를 쉴 새 없이 빨아올린다. 바닥에 있는 마지막 기름까지 모두 올라와 세상을 밝힐 수 있도록 해준다. 사바세계와 유토피아를 연결해주는 노둣돌 같다.

심지는 따뜻한 호롱불을 만든다. 까만 심지 위에 돋아난 불그스레한 불꽃을 오동통하게 살찌운다. 살 오른 불꽃은 따뜻한 빛이 되어 방안을 온기로 가득 채운다. 그 불빛은 형광등처럼 차갑지도 않고 네온 불빛처럼 밋밋하지도 않다. 그렇다고 지나치게 밝지도 않다. 이 불빛은 언제나 세상을 따뜻하게 밝혀주는 주황색이다.

더 먼 곳까지 골고루 밝혀주기 위한 호롱불은 등잔대 위에 앉기를 좋아한다. 여기도 빛과 그림자가 있다. 호롱불이 높이 올라갈수록 등잔 밑은 더 어둡다. 이곳은 언제나 소외된 곳이다. 이 등잔대도 밤이면 광배처럼 나타나지만 해가 뜨면 한쪽 구석으로 밀려나는 신세가 된다.

내 어릴 적 우리 집 부엌과 마루에는 초롱이 있었고 방에는 등잔대가 있었다. 큰방의 키 큰 등잔대에 올라앉은 호롱은 저녁이 되면 세 개의 밥상 가운데 자리를 잡았다.

호롱불은 적당하게 밝아 저녁 밥상 주위에 둘러앉은 식구들의 표정만 알게 해주었다. 주황색 불빛은 상석에 마련된 할아버지 밥상을 가장 밝게 해주었다. 어머니와 형제들이 둘러앉은 두레상 주위는 언제나 약간 어두웠다.

밥상에 앉은 우리는 배가 고파도 할아버지께서 수저를 들 때까지 기다렸다. 교장 선생님의 훈시 같은 할아버지의 밥상머리 교육으로 어린 나도 집안 사정을 짐작할 수 있었다. 이때는 아무도 떠들 수가 없었다. 호롱불도 아는지 조용했다.

저녁을 먹고 작은방으로 이동하면 형제들은 나지막한 나무 등잔대 앞에서 놀았다. 막냇동생이 어릴 때였다. 혼자서 걷기 시작할 무렵부터 춤추는 것을 좋아했다. 형님은 기타를 치고 형제들이 손뼉을 쳐주면 지치지도 않고 몸을 흔들어 댔다. 춤추는 동작이 절정에 달하면 호롱불도 기절하듯 꺼질 때도 있었다. 뜨거워진 방안 열기는 한겨울에도 방문을 열게 했다.

내가 중학교에서 주산을 배울 때였다. 나와 누나는 호롱불 근처에 자리 잡고 아버지가 불러주는 숫자를 들으며 주판알을 튕겼다. 쏟아지는 숫자를 귀로 들으며 거침없이 손가락을 놀렸다. 작은 손들이 벽에서도 춤을 추고 있었다.

호롱불을 곁에 두고 동생들과 반짇고리 타래실을 실패에 감기도 했다. 한 사람은 손바닥에 끼워서 실을 풀어주고 반대편에서는 팔이 아프도록 실패에 감았다. 때로는 어두컴컴한 호롱불 밑에서 내복을 뒤집어 서캐를 호롱불에 태웠다. 타닥타닥 타는 소리에 희열을 느끼기도 했다.

방바닥에 엎드려 연필심에 침을 발라가면서 숙제도 했다. 꾸벅꾸벅 졸면서 숙제를 하다가 호롱불에 머리카락을 태운 적도 있었다. 낮에 힘든 일을 하고 나면 몰려오는 졸음을 이길 수가 없었다. 머리카락이 타는 소리와 냄새는 아직도 잊히지 않는다. 호롱불 그을음 때문에 아침에 코를 풀면 까만 코가 나올 때도 있었다.

어머니는 호롱불을 벗삼아 바느질을 하면서 긴 밤을 보냈다. 바늘을 머리카락에 연방 문지르면서 바느질을 했다. 구멍이 난 것은 덧대고 터진 것은 붙여서 깁느라고 바빴다. 무명으로 만든 옷은 깁고 또 기워도 끝이 없었다. 언제나 다 해진 옷과 양말을 기우며 밤을 보냈다. 호롱불은 어머니의 작은 한숨 소리에도 온몸을 파르르 떨면서 반응을 했다. 어머니의 근심을 가장 잘 아는 친구같이.

저녁 설거지가 끝나면 어머니는 밥상을 별도로 하나 차렸다. 언제 올지도 모르는 주인을 기다리는 그 밥상은 늘 방 한쪽에 있었다. 그 밥상의 주인은 아버지였다. 어디에 가서 무슨 일을 하는지도 잘 몰랐다. 그렇다고 묻지도 않았다. 그냥 시부모와 자식들 사이에서 젊은 시절을 다 보냈다. 밤에는 호롱불이 어머니의 말 없는 친구였다. 호롱불은 늘 어머니를 늦게까지 지켜주었고, 어머니는 호롱불을 쉬게 해주었다. 나뭇가지와 문풍지가 추위에 울어도 호롱불이 발갛게 타오르는 좁은 방안은 언제나 훈훈했다.

호롱불 곁에서 형제들이 머리를 맞대고 지냈던 추억이 창호지에 실루엣으로 남아있다. 가까이서 들리는 숨소리로 동질감을 채워주는 끈끈한 페로몬을 한없이 주고받았다. 그 호롱불의 정이 아쉬운 겨울이 다가온다.

각자도생

구조 조정 바람이 분다. 매스컴에서 경제가 어렵다는 말만 나오면 부는 바람이다. 회사는 기다렸다는 듯이 경기를 빌미로 강제로 감원을 시킨다. 그 명단에 한번 오르면 빠져나오기 어렵다. 거미줄에 걸린 매미처럼 몇 번 버둥거리다 제풀에 지쳐 포기한다. 어디선가 지켜보는 포식자인 회사는 그때까지 기다린다.

명퇴 바람이 불면 본능적으로 모두가 거미줄을 조심한다. 가만히 앉아 있지만, 부지런히 레이더를 돌려 정보망에 걸려드는 자료를 분석하고 대처에 골몰한다. 살생부를 피해 가는 방법을 찾아야 조직에서 살아남는다. 소위 말하는 처세술이 좋아야 한다. 학교에서도 배우지 않는 것이라 정답이 없다. 난세에는 순간적인 기지와 충복 같은 행동이 실력보다 더 큰 힘을 발휘한다. 분위기도 모르고 나대다가는 자신도 모르게 눈 밖에 난다. 한번 밀려나면 가깝게 지내던 친구와 동료도 서먹해진다. 평소 사이가 좋고 나쁜 것과는 차원이 다르다.

살생부는 있는 것일까. 루머처럼 생각했던 일들이 현실로 다가오면 아무리 강심장이라도 불안해한다. 웃음소리나 말수부터 줄어든다. 바쁘게 움직이는 발소리도 들리지 않는다. 출근과 동시에 서로 권하던 담배도 사라지고 퇴근하면서 한잔하자던 정다운 모습도 자취를 감춘다. 심지어 하얀 종이 위에서 팔딱거리며 떠들던 타자기마저도 입을 닫는다. 활기 잃은 사무실은 가끔 책장 넘기는 소리만 크게 들린다.

모두가 조용히 제자리를 지킨다. 평소에 지각을 밥 먹듯 하던 김 대리도 조기 출근을 하고, 칼퇴근하던 얌체 같은 이 차장도 귀머거리가 된 듯 자리에 앉아 있다. 썩은 동아줄이라도 잡고 늘어질 것인지 아니면 경쟁 회사로 갈 것인지, 그것도 아니면 다른 일을 할 것인지 빠르게 머리를 굴려본다. 시간이 갈수록 답답하고 불안해진다. 자리를 뜨면 금방이라도 밀려날 것 같아 사무실을 크게 벗어나지도 못한다. 평소 외출이 잦던 박 과장도 꿈쩍 않고 앉아 있다. 모두가 토용처럼 꼿꼿하다.

감원은 피라미드 형태로 다가온다. 임원 한 명이 나가면 차·부장급 이하 사원은 수십 명이 짐을 싼다. 한창 일하고 돈을 벌어야 할 나이에 추풍낙엽처럼 떨어진다. 아무리 성실하고 충성스럽게 일한 사람이라도 명단에 오르면 예외는 없다. 신명을 다 바쳐 일했다는 항변은 메아리에 그친다. 책임져야 할 사람들은 다 빠지고 시키는 대로 일한 사람들만 영문도 모르고 쫓겨난다. 이것은 감상적이고 도덕적인 상황이 아니다.

나는 일찍이 이런 분위기를 경험했다. 상상조차 해본 적이 없는 일이라 생체 리듬을 잃을 정도로 힘들었다. 다섯 손가락 안에 드는 국내 그룹 기획실에서 신입사원으로 근무하던 때였다. 대학을 졸업하기도 전에 세 자리 숫자의 경쟁률을 뚫고 들어간 곳이었다. 서울의 심장부에 있는 회사의 위치가 좋았고 아침마다 타고 오는 리무진 통근버스는 더 좋았다. 사계절 흰 와이셔츠에 꽃무늬 넥타이를 매고 근무하는 것은 더욱 좋았고, 창가에만 서면 중앙청과 세종문화회관이 보이고 국내 최대 대형 서점이 가까이 있어 정말 좋았다. 가끔 혼자 불러내 대포 한잔을 몰래 사 주던 부장님의 사랑은 겨울 내의보다도 따뜻했고, 과장님 집에 초대되어 술 한잔 곁들인 저녁 밥상을 대할 때는 가족 같다는 생각이 들었다. 신혼이었던 선배 집에 몰려가 밤새 술을 마시고 다 같이 지각했던 일은 객지 생활의 외로움을 덜어주었다.

나는 가장 일찍 출근하고 늦게 퇴근했다. 일찍 출근해 사무실 풍경을 감상하는 것도 재미있었다. 임원들이 먼저 출근하면 이어서 여직원들이 유니폼을 입고 나타났고 부서장 이하 간부들이 신문을 들고 출근을 할 때쯤이면 복도가 요란스러웠다. 아침마다 지각하는 직원들의 궁색한 변명은 늘 들어도 재미있었다. 날마다 똑같은 지각을 하고도 다른 핑계를 댔다. 저절로 웃음이 나왔다.

신사옥으로 옮긴 지 얼마 되지 않았을 때였다. 첫 해외 출장을 위해 여권 사진을 찾아오던 날이었다. 긴급회의를 마친 사무실 분위기가 한순간에 얼음처럼 싸늘하게 변했다. 그룹이 공중분해될 것 같다고 했다. 나는 주머니에서 여권 사진을 꺼내지도 못했다. 처음에는 일시적인 현상으로 생각했다. 대마불사라고 하지 않았던가. 이렇게 큰 그룹은 누구도 마음대로 할 수 없을 거라 생각했다. 아니었다. 시간이 갈수록 점점 현실로 다가왔다. 이력서를 한 묶음씩 가슴에 넣고 말도 없이 들락거리거나 복화술로 전화하는 모습이 보이기 시작했다. 빙하기에 접어든 사무실에는 상하도 없고 동료도 없었다. 각자 살아남기 위해 전방위로 뛰고 있었다. 신입 사원이었던 나는 물끄러미 그 광경을 바라보고만 있었다. 구조조정이란 모두가 살길을 찾아 뿔뿔이 흩어진다는 말이었다.

그날은 몸이 말을 듣지 않았다. 잠에서 깼지만 땀에 젖은 몸을 일으켜 세울 수가 없었다. 뼈마디마다 안 아픈 곳이 없고 머리는 천근같이 무거웠다. 이런 일은 처음이었다. 나를 부르는 하숙집 아주머니의 목소리가 어렴풋이 들렸다. 제때 시간 맞춰 내려오던 사람이 안 내려오니 아주머니가 올라온 것이었다. 아주머니는 골목 약국에서 약을 사다 주고 회사에도 연락했다. 나는 그 전화 소리를 들으며 잠이 들었다.

그룹은 완전히 공중분해되었다. 스무 개가 넘는 회사가 일순간에 사라졌다. 나는 며칠 후 짐을 챙겨 서울역으로 갔다. 겨울의 끝자락이라 차가운 바람은 역 안에도 불고 있었다. 박스 두 개를 소화물로 부치고 부산행 무궁화호를 탔다. 서울에 온 지 일 년이 조금 넘었을 때였다.

2부

대대리별곡

그들은 땅속에 무엇이 있는지 몰랐다. 천년을 비워둔 곳이라 숲이 우거지고 잡초가 무성한 빈터였다. 큰 무덤 몇 기가 있었지만, 여기가 어떤 곳인지, 고분의 주인이 누군지 알려고도 하지 않았다. 고분군에 대해서 알려진 것은1990년대 초였다. 전설같은 부족국가의 실체가 발굴단에 의해 밝혀졌다. ≪삼국사기≫에 나오는 강력한 부족국가였던 우시산국의 터였다.

등 굽은 할머니

할머니의 방문은 좀처럼 열리지 않았다. 마치 빈집처럼 인기척도 내지 않고 조용히 앉아 있었다. 그렇다고 전혀 움직임이 없는 것은 아니었다. 남편을 기다리는 망부석처럼 앉아 있다가 가끔 한 번씩 작은 유리를 통해 밖을 살폈다. 한참을 내다보다 아무것도 보이지 않으면 시선을 돌렸다. 잘 들리지도 않는 목소리로 혼자만의 바람을 담은 염주를 쉼 없이 굴렸다.

할머니는 한번 자리를 잡으면 좀처럼 미동도 하지 않았다. 염주를 굴리는 엄지 하나만 일정한 주기로 왕복운동을 하고 있었다. 커튼처럼 늘어진 하얀 치마 끝에는 버선코가 숨을 쉬고 있었다. 물속을 헤엄치다 숨 쉴 때만 코를 내미는 수달처럼 전신을 다 보여주지는 않았다. 언제나 치마저고리를 입고 같은 자리에 앉아 있었다. 뒷방도 작은방도 다 있었지만, 자리를 뜨면 무슨 일이라도 일어날 것처럼 좀처럼 일어나지도 않았다. 누가 찾아와도 그 자리에서 손님을 맞이할 때가 많았다. 나는 가끔 할머니의 손발톱을 깎으면서 핏기없는 작은 손발을 만져 보았다. 한때 통통하고 보드라웠을 손발이 기름기 없는 가죽처럼 차고 미끄러웠다. 희고 맑은 얼굴에 폭 들어간 볼과 깊게 파인 두 눈에는 웃음기가 없었다. 나는 한 번도 소리 내어 웃는 할머니를 본 적이 없다. 내 기억에는 언제나 알을 품은 암탉처럼 방을 지키고 있었다.

할머니는 마흔둘 젊은 나이에 며느리를 보았다. 연달아 태어나는 손자들을 키우느라 집안 살림에서 일찍 손을 놓았다. 굽은 허리에 튀어나온 척추 때문에 손자들을 업지도 못했다. 여름이 되면 큰 부채로 시원한 바람을 일으키고 겨울이면 아랫목에서 어린 손자들을 잠재우는 정도였다. 멍석에 널어놓은 우케를 맨발이나 고무래로 뒤집어주고 긴 대나무로 참새를 쫓다가 채소를 다듬거나, 콩이나 마늘을 까고 고구마 줄기의 껍질을 벗기는 일을 주로 했다. 그렇게 힘드는 일은 아니지만 그렇다고 쉬운 일은 아니었다. 어린 손자를 돌보거나 가벼운 집안일을 도와주면서 집을 지키는 것이 할머니의 일과였다.

큰딸이 시집을 갔다. 할머니는 아들 셋을 장가보내고 큰딸을 부잣집으로 시집을 보냈다. 사위가 홀어머니 밑에서 자란 것이 마음에 걸렸지만 먹고사는 걱정은 없을 것 같아 그랬다. 시집간 딸은 얼마 되지 않아 장티푸스라는 전염병을 얻어 친정으로 비접을 왔다. 병원으로 가야 할 딸이 친정으로 온 것이다. 많은 식구가 북적대는 좁은 집에서 전염병을 치료하기란 쉬운 일이 아니었다. 시집갈 준비를 하던 막내딸이 언니를 돌보다 전염되고 말았다. 막내딸이 몸져누웠다. 큰딸은 차차 호전되었지만, 막내딸은 점차 악화되었다. 가끔 들르는 의사도 전문의가 아니었다.

보리가 누렇게 변해가는 초여름 어느 날 해 질 무렵이었다. 가늘게 이어지던 막내딸의 숨소리가 끊어졌다. 바람도 숨을 멈추었다. 감나무도 홰나무도 죽은 듯이 조용했다. 아이들은 방문을 닫고 불도 켜지 못한 채 작은방에서 숨죽여 앉아 있었다. 큰방과 마루에서 움직이는 알 수 없는 그림자만이 실루엣으로 다가왔다. 가끔 장정의 힘쓰는 소리만 들릴 뿐이었다. 누구도 말을 하지 않았다. 모두가 귀만 살아 있었다. 이윽고 마당으로 쏟아진 발걸음 소리가 밖으로 사라져 갔다. 참았던 울음이 작은 흐느낌으로 새어 나왔다. 캄캄한 어둠만이 가슴 속으로 밀려왔다. 할머니는 꽃다운 막내딸을 영영 돌아올 수 없는 저세상으로 그렇게 보냈다.

할머니는 바깥출입을 자제했다. 식음도 말수도 줄었다. 오로지 염주만을 잡고 하루 종일 방안에 앉아 있을 때가 많았다. 여름이 되면 큰딸과 시누이 집을 한 번씩 다녀오는 것 외에는 거의 두문불출하였다. 매년 봄이면 동네 사람들이 강가에 모여 단합대회처럼 화전놀이를 하는 곳에도, 물고기를 잡아 매운탕을 끓여 먹는 곳에도 가지 않았다. 마치 나라에 큰 죄를 짓고 위리안치된 귀양살이처럼 스스로를 옥죄고 참회하고 있었다.

그러나 동네에서 벌어지는 굿판에는 거르지 않고 갔다. 나는 할머니를 따라 멍석이 펼쳐져 있는 그 집에 갔다. 할머니는 아껴두었던 흰 고무신을 신고 굽은 몸을 지팡이에 의지한 채 팔을 휘저으면서 서둘러 갔다. 맞선을 보는 노총각처럼 할머니는 좋은 자리를 잡기 위해 일찍부터 서둘렀다. 색종이로 만든 화려한 꽃을 달고 있는 긴 대나무가 담장 너머 사람들을 불러모으고 있었다. 아직 해도 지지 않았는데 동네 할머니들이 많이 와 있었다. 서산으로 해가 넘어가고 어둠이 내려오자 하나둘 등불이 제자리를 찾아 걸렸다. 빈틈이 없을 정도로 멍석에는 사람들로 가득찼다. 나이 많은 할머니들은 멍석에 앉고 젊은 여인들은 뒤쪽에 서 있었다.

굿판이 벌어졌다. 수건을 머리에 동여맨 총각 무당이 신을 부르자 대를 잡고 있던 옆집 할머니의 손이 사시나무 떨듯 마구 흔들렸다. 대를 이어받은 무당은 떨리는 대나무로 주인의 머리를 때리고 쌀을 온몸에 던졌다. 집주인은 죄인처럼 두 손을 비비면서 빌고 또 빌었다. 점차 굿판은 열기를 더해 갔다. 징소리가 커지고 장단이 빨라지자 구경꾼들은 무당과 한몸이 되었다. 무당이 흐느끼기 시작하면 할머니는 흰 손수건을 소매에서 꺼냈다. 한을 풀어주는 무당의 넋두리는 할머니 자신의 이야기였다. 누군가가 바구니를 들고 돌면 할머니들은 치마 속 빨간 돈주머니의 끈을 풀었다. 돈이 바구니에 차오르면 무당은 더 빠르게 뛰면서 접신을 했다. 할머니는 마치 기다리던 딸을 만난 것처럼 꼬깃꼬깃 접어둔 돈을 몇 번이고 꺼냈다. 굿판에 간 할머니의 손수건처럼 여섯 살 내 가슴도 촉촉이 젖어 갔다.

반세기가 지난 지금도 고향 집 대문을 들어서면 할머니의 단아한 모습이 아지랑이처럼 나타난다.

대대리별곡

내가 태어난 마을에는 고분군이 있었다. 둥실하게 뻗어 내린 구릉지는 수 세기 동안 무덤들이 차지했다. 크고 작은 무덤들이 넓은 들판 입구까지 이어졌다. 긴 세월 풍화작용으로 봉분이 사라지자 사람들은 그곳에 집을 짓고 마을을 이루었다.

그들은 땅속에 무엇이 있는지 몰랐다. 천년을 비워둔 곳이라 숲이 우거지고 잡초가 무성한 빈터였다. 큰 무덤 몇 기가 있었지만, 여기가 어떤 곳인지, 고분의 주인이 누군지 알려고도 하지 않았다.

고분군에 대해서 알려진 것은 1990년대 초였다. 전설 같은 부족국가의 실체가 발굴단에 의해 밝혀졌다. ≪삼국사기≫에 나오는 강력한 부족국가였던 우시산국의 터였다. 무덤의 주인들은 사로국에 의해 멸망한 우시산국 귀족들이었다. 고분에서 출토된 삼한 시대의 토기들은 경주에서 발굴된 것보다 부족하지 않았다. 여러 박물관에 나누어 소장하고 있는 오리 모양의 토기는 대부분 여기서 나왔다는 말도 있다. 농기구와 무기는 물론이고 귀걸이를 비롯한 비췻빛 곡옥이나 수정 같은 장식품도 출토되었다. 수많은 유물 중에서도 군주를 상징하는 청동정靑銅鼎이 백미였다. 강력한 부족국가로 인정을 하게 된 이 세발솥은 국립중앙박물관 삼한실에 전시되었다.

도굴꾼들은 훨씬 이전부터 찾아왔다. 일제강점기 때 일본인들이 인부들을 앞세우고 큰 무덤들을 파헤친 것이 도굴의 시초였다. 나중에는 그 인부들이 밤낮으로 드나들며 우리 문중 산을 벌집 쑤시듯 했다. 삶이 팍팍하던 때여서 동네 어른들은 별 관심이 없었다. 몇몇 아이들만 그들 주위를 맴돌았다. 나도 궁금한 게 많아서 만사 제쳐두고 그들을 따라다녔다. 땅속에 무엇이 있는지 알아채고 귀신같이 땅을 파는 도굴꾼이 신기했기 때문이다.

도굴꾼은 언제나 까무잡잡한 얼굴에 남루한 복장이었다. 어떤 도굴꾼은 허기를 참지 못해 우리 집에 내려와 보리밥 한 그릇을 얻어먹고 가기도 했다. 밥을 챙겨주던 어머니는 도리어 반찬이 없는 것을 미안해했다.

언제 생겼는지 알 수 없는 작은 길 하나가 마을을 통과하게 되었다. 길을 따라가면 정족산 자락에 운흥동천과 운흥사지가 있다. 앞산을 넘으면 바다가 나오고, 뒷산 고갯마루에는 큰 돌무더기가 있었다. 무덤같이 쌓인 돌을 보면 얼마나 많은 사람이 지나가며 소원을 빌었는지 짐작이 간다. 그들은 무엇을 기원하면서 돌을 던졌을까. 1960년대까지만 해도, 농산물을 짊어진 장꾼들은 어둠을 뚫고 뒷산을 넘어와 동쪽으로 갔고, 해가 설핏해진 저녁 무렵이면 해산물을 지고 반대로 서쪽 뒷산을 넘어갔다.

그들만의 길은 아니었다. 어머니는 앞산을 넘어 시집을 왔다. 집안 형수나 아주머니들이 고갯마루를 넘어 시집오면, 동네 누님이나 고모들은 반대로 넘어 시집갔다. 그렇게 집안이 이루어졌고 다른 가문과 자식들을 나누었다. 나도 그 길을 오가며 자랐다. 어머니를 따라 소를 몰고 산으로 가기도 했다. 지게를 지고 하루에 두 번씩 같은 길을 오르내릴 때도 있었다. 뻐꾸기 소리가 서러운 그 길을 걸으며 산꿩의 울음소리도 들었다.

뒷산에는 굿바위라 부르는 큰 바위가 있다. 정월대보름마다 나는 형들을 따라 그곳에 갔다. 달이 뜨기를 기다렸다가 어디선가 연기가 오르면 점화봉에 불을 붙였다. 불은 삽시간에 달집을 태우며 검은 연기를 하늘로 내뿜었다. 그때 할머니와 어머니는 집 장독대에 정화수를 떠 놓고 달을 향해 가족의 안녕을 빌었다.

동네 앞 넓은 들을 지나면 강이 있다. 나의 유년시절 추억이 가장 많은 곳이다. 물속에는 언제나 고기 떼가 헤엄쳤고 종달새는 알을 품느라 모래밭을 지켰다. 그 강은 어른들의 천렵과 화전놀이 터이기도 했다. 봄이 되면 아낙들은 옷을 곱게 차려입고 강가에 모여 진달래 꽃잎으로 화전을 부쳤다. 화전을 먹으며 노래하고 춤추는 순간은 시집살이의 설움과 고된 삶을 날려 보냈다.

음력 7월에는 한 해 김매기를 마무리짓는 호미걸이 행사가 있었다. 김을 매느라 까맣게 타버린 남정네들이 한가하게 강물에서 물고기를 잡는 천렵놀이다. 잡은 물고기로 강변에서 매운탕을 끓여 막걸리잔을 주고받으며 이웃과 함께 한바탕 더위를 물리곤 했다. 지금은 천렵과 화전놀이를 하던 모래밭에 폐수처리장이 들어섰다. 산이 잘려 나가고 공장들이 들어서면서 고분과 아름답던 산길도 사라졌다. 그래도 하대 고분만은 그 자리를 지키고 있어 다행이다.

대대리의 모내기는 하늘이 도와야 할 수가 있었다. 물이 넉넉하지 않아 촌수도 나이도 없는 물싸움이 벌어지곤 했다. 갑자기 소낙비라도 쏟아지면 그 싸움은 언제 그랬냐는 듯 환하게 웃었다. 지금은 쟁기 대신 트랙터가 논을 갈고 사람 대신 이앙기가 모를 낸다. 못줄을 넘기는 초성 좋은 소리가 없어도 모는 뿌리를 내린다.

삶의 전장 같던 마을이 차츰 적막에 휩싸여 간다. 살이 오른 하얀 감꽃이 연녹색 이파리 사이로 떨어지고, 밤꽃 향기가 동네를 덮어도 반기는 사람이 없다. 담 밑의 봉숭아는 사라지고 개망초가 주인 없는 집을 지키고 있다. 언젠가 다시 돌아갈 내 고향에는 기억 속의 사람들만 살고 있다.

외갓집 가던 날

외갓집은 나를 낳아주고 길러주신 어머니가 태어난 곳이다. 그곳에는 어머니 다음으로 나의 모든 허물을 덮어주고 애정으로 보살펴 주던 외할머니가 계시는 곳이기도 하다. 나는 해마다 방학이 끝날 무렵이면 외갓집에 갔다.

외할머니가 계시는 외갓집은 때만 되면 그냥 가고 싶었다. 갈 때마다 그곳은 어머니의 품안처럼 포근함이 느껴졌다. 태어나 처음 집을 떠나 머물렀던 곳이라 그런지 자주 가지 않아도 낯설지가 않았다. 가는 날이 점점 다가오면 설레는 마음은 어쩔 수가 없었다.

외갓집은 마음대로 갈 수가 없었다. 아무도 말하지 않았지만, 방학이 되면 꼭 해야 할 일은 해야만 했다. 겨울에는 나뭇가리로 앞마당과 뒤안을 가득 채우는 것이었다. 방학이 되면 몸에 맞지도 않는 큰 지게를 지고 장갑도 끼지 않은 맨손을 호호 불면서 나무를 하러 갔다. 갈증이 나면 계곡을 찾아 유리같이 투명한 고드름으로 목을 축이기도 했다. 무거운 나뭇짐을 지고 오면 아무리 추운 날에도 이마에는 늘 땀이 맺혀 있었다. 부엌에서 내다보는 어머니의 환한 얼굴은 힘든 하루를 잊게 하는 청량제와 같았다.

여름에는 논매는 일과 소 먹이는 것이 문제였다. 대신 소 먹이러 갈 사람이 없어 새벽마다 꼴을 준비했다. 며칠 동안 소에게 줄 양식을 마련하는 일이었다. 아침을 먹고 나면 어울리지도 않는 큰 밀짚모자를 눌러 쓰고 형님을 따라 논으로 갔다. 은구슬처럼 반짝이는 이슬을 머금은 벼를 헤치고 제초기를 밀었다. 바람기마저 사라진 들녘에 수증기가 뿌옇게 피어오르면 땀방울이 등줄기를 타고 흘러내렸다. 강가의 조약돌이 따뜻해질 무렵이면 친구들은 튜브나 낚싯대를 매고 강으로 몰려가는 모습이 보였다. 마음을 다잡지만, 친구들이 물놀이하면서 떠드는 그쪽으로 자꾸만 마음이 갔다.

그때는 공부보다 김을 매거나 땔감을 준비하는 집안일이 우선이었다. 이렇게 할 일을 다하고 나면 홀가분한 마음으로 갈 수가 있었다. 지금은 누구나 쉽게 갈 수 있는 외갓집이지만 그때는 왜 그렇게 힘들었는지.

외갓집 가는 길은 장정이었다. 좀약 냄새가 가시지도 않은 새 옷을 입고 아껴두었던 운동화를 신고 집을 나섰다. 어른들께 인사를 하고 사립문을 나서면 마음도 발걸음도 더없이 가벼웠다. 넓은 들을 단숨에 지나 징검다리도 뛰어서 건너고, 앞을 가로막는 산도 한달음에 마루에 올랐다. 수없이 다녔던 길이지만 다른 길처럼 보였고 늘 불어오는 산바람도 더 시원했다.

겨우 산 하나를 넘었지만 마치 외갓집에 다 온 것 같았다. 작은 개울 옆 신작로를 따라 다리를 몇 번 건너다보면 개울은 어느새 작은 강이 되어 있었다. 집안까지 훤히 들여다보이는 작은 산골 마을을 몇 개 지나면 기와공장이 나타났다. 내 또래의 아들과 아버지가 흙반죽이 차지도록 열심히 밟고 있었고, 산더미처럼 쌓아놓는 장작가리 옆에는 기와를 굽는 가마가 꿈틀거리며 언덕을 따라 올라가고 있었다. 좋은 흙과 땔감이 풍부하고 작은 강이 흐르는 곳이라 기와공장이 많았다. 기와집이 많은 이 동네는 산골이지만 부자 동네 같았다.

작은 강이 합쳐지는 길가에는 배와 복숭아, 그리고 포도밭이 순차적으로 나타났다. 수줍은 듯 새파란 잎사귀 뒤에 몸을 숨기는 작은 배들은 바람이 일 때마다 빼꼼히 내다보았다. 다 따고 열매가 없는 복숭아밭은 탈진한 듯 늘어진 잎사귀들만 남아 있어 외할머니가 지키는 외갓집처럼 허전해 보였다. 그때쯤이면 외갓집 근처에 있는 친척 아저씨 포도밭에는 한창 수확을 하고 있었다. 뱀처럼 비틀어진 포도나무 끝에는 탐스런 포도송이가 오뉴월 황소 불알처럼 대롱대롱 매달려 있었다. 건드리면 터질 것 같은 알맹이는 하얀 분을 바르고 짙은 보라색으로 성숙함을 자랑했다. 이처럼 가까이에서 포도를 본 적이 없는 나는 보는 것만으로도 입안에 침이 저절로 고였다. 여기서 한 굽이만 더 돌아가면 외갓집이었다. 나도 모르게 가슴이 뛰기 시작했다.

외할머니는 새벽잠이 없으셨을까. 아니면 묻고 싶은 것이 많아서일까. 첫닭이 울 무렵이면 나를 흔들어 깨웠다. 궁금한 것이 얼마나 많은지 취조하듯 이것저것 많이도 물었다. 어둡고 침침한 호롱불 밑에서 묻는 것은 언제나 똑같았다. 할아버지의 근황을 대충 묻고는 할머니에 관한 것이었다. 아버지에 관한 것은 거의 건성으로 짚고 넘어갔다. 그리고 고주망태가 되어 시도 때도 없이 찾아오는 삼촌 이야기로 끝을 맺었다. 대부분 어머니를 힘들게 하는 것이라 마음 상하지 않게 수위를 조절해 가면서 대답을 잘해야 했다.

그땐 고부간 갈등이 심했다. 외할머니는 딸이 고생하는 이야기를 듣는 내내 혀를 찼다. 긴 담뱃대의 담배통을 몇 번이고 털고 채우면서 죄 없는 재떨이만 새벽부터 수없이 두드렸다. 어떤 때는 분함을 삭히지 못하는지 담뱃불이 꺼진 줄도 모르고 빈 장죽을 두 볼이 쏙 들어갈 정도로 연방 빨아댔다. 가슴에 쌓여 있는 말 못할 사연들을 외할머니는 담배 연기와 함께 먼 허공으로 날리고 또 날려 보냈다. 또 뭘 물어볼지를 몰라 초조하게 기다리는 내 귀에는 기둥 시계 소리만 크게 들렸다.

어머니가 구순을 바라보는 지금도 똑딱거리는 기둥 시계 소리는 외할머니의 긴 한숨 소리를 불러온다. 내 어린 시절 외갓집에 갔던 이야기다.

봉정암 사리탑

사리탑이 보이지 않는다. 부처님 진신사리가 봉안된 사리탑을 안개가 가리고 있다. 거친 숨을 추스르며 한참을 장승처럼 서 있어도 보여줄 듯 말 듯 애만 태운다. 머리를 살짝 내밀다가도 눈길이 닿으면 이내 안개 속으로 숨는다.

나는 봉정암 사리탑 앞에 서 있다. 석탑은 안개 속을 자맥질하듯 나타났다 사라지기를 반복한다. 바람에 실려 가는 안개가 엷어지자 탑신도 엷은 망사 같은 하얀 안개를 두른 채 살며시 나타난다. 화려하지도 웅장하지도 않지만 오랜 풍상을 이겨낸 흔적이

곳곳에 남아 있는 5층 석탑이다.

사리탑은 바위의 가장 앞부분에 자리 잡고 있다. 어떤 석공이 이렇게 자연과 잘 조화시켰을까. 어느 것도 거스르지 않고 있어야 할 자리에 서 있는 것 같다. 설악산 대청봉에서 흘러나온 용아장성을 봉황의 날개처럼 끼고 있는 그 바위가 탑의 기단이다. 16개의 꽃잎을 가진 연꽃을 바위에 새겨 부처님 진신사리를 봉안하고 수술처럼 꽃 중심에 사리탑을 세워 놓았다. 신라 고승 자장법사가 진신사리를 봉안한 탑이라고 한다. 위용이 넘치거나 화려한 신라 석탑이 아니라 아담하고 균형 잡힌 고려의 석탑에 가깝다.

한참을 사리탑 앞에 서 있어도 안개는 쉽게 걷히지 않는다. 잎 떨어진 나뭇가지 사이로 다가오는 연무와 소리 없이 내리는 이슬비가 고즈넉한 늦가을의 정취를 느끼게 한다. 잎이 다 떨어지고 없는 단풍나무 가지 끝에는 물방울이 대롱거린다. 언제 떨어질지도 모르면서 이슬비에 그 크기를 더해 간다. 가지가 흔들리면 떨어질 줄을 아는지 모르는지 늘어진 나뭇가지에 매달려 허공에서 춤을 춘다. 한 치 앞을 모르고 살아가는 내 모습과도 같다. 어디에선가 안개가 또 몰려온다. 조금 전 어렴풋이 보였던 탑신도 나뭇가지의 물방울도 시야에서 사라진다.

설악의 운무는 절제와 여백의 아름다움이 가득한 한 폭의 산수화 같다. 가을비가 부슬부슬 내리는 설악산 계곡의 안개가 끊임없이 움직이는 붓끝처럼 그림을 그린다. 짙은 안개가 백담사 계곡을 가득 채우자 하얀 구름은 승천하는 용이 되어 능선을 넘는다. 담장을 넘어가는 구렁이처럼 너무도 매끄럽게 넘어간다. 한바탕 신나게 놀던 안개가 엷어지자 호위무사 같은 소나무 몇 그루를 대동하고 사리탑이 다시 나타난다. 오랜 풍상에 가지가 부러지고 거센 눈보라에 몸이 비틀어진 소나무는 금강장사같이 힘차 보인다. 추운 겨울에도 지조와 절개를 지키는 소나무 그림, 절해고도 제주도에서 귀양살이하던 추사 김정희 선생이 제자 이상적에게 그려 준 〈세한도〉가 생각난다. 모두에게 외면당하고 세상에서 멀어져 가는 늙은 스승을 잊지 않았던 참다운 제자에게 그려준 그림이다. 수만 리 먼 곳에서 구한 책을 귀양지까지 가져다준 그 제자가 바로 변치 않는 푸른 소나무였다. 그런 소나무가 사리탑을 지키고 있다.

왜 이렇게 높고 험한 바위에다 부처님을 모셨을까. 봉황도 힘들어서 앉았다는 이 높은 곳에 탑을 세우고 절을 지었을까. 아마도 번민과 욕심 같은 무거운 짐을 내려놓는 방법을 가르치려고 그랬을 것 같다. 삼천 배를 해야 만나 주었던 어느 스님처럼 비우고 오기를 바랐을 것이다. 버리고 비우지 않으면 올라갈 수 없는 곳이기에 저절로 맑고 깨끗한 마음이 생기는 곳이다. 헉헉대며 숨차게 올라가는 것 자체가 수행이라는 생각이 든다.

세 번만 다녀가도 죽어서 극락 간다는 말이 괜히 생긴 것이 아닌 것 같다. 가을비를 맞으며 오르는 계단은 자욱한 안개 때문에 앞이 잘 보이지 않는다. 급경사의 긴 계단과 미끄러운 비탈길을 오르다 보니 아무 생각도 들지 않는다. 오로지 내 발끝만 보면서 한발 한발 천천히 오른다. 스님 한 분이 축지법을 쓰는지 바람을 일으키며 휙 지나간다. 계단과 다리가 없던 시절에는 어림없는 동작이다. 탁발한 바랑을 업보처럼 등에 메고 육신의 수분이 다 할 때까지 뜨거운 숨을 몰아쉬면서 올랐을 것이다. 눈 내리는 겨울이나 여름 장마철에는 산사에 갇혀 무엇을 하였을까. 묵언정진만 했을까.

올라갈수록 물길이 좁아지고 작은 폭포가 자주 보인다. 급경사가 이어지면서 물은 바위를 타고 서둘러 내려간다. 여기저기 부딪치며 내려가는 백옥처럼 맑고 깨끗한 물은 부서졌다 뭉치기를 반복한다. 어디서 시작되었는지 알 수 없는 두 줄기 큰 폭포는 물보라가 되어 하늘로 오른다. 타고 남은 하얀 재가 바람을 타고 올라가는 소지를 보는 듯하다. 모였다가 흩어지고 부딪치고 미끄러진 물도 소沼를 만나면 잠시 쉬어간다. 나는 저 물처럼 잘 쉬어 본 적이 있는가. 바쁘다는 핑계와 갖가지 구실을 입에 달고 스스로를 옥죄며 산 것 같다. 이제라도 흐르는 물과 같이 쉬면서 가야겠다는 생각이 든다. 어차피 어디에선가 다 만나서 다시 시작할 것이 아닌가. 오세영 시인의 〈강물〉이라는 시 한 구절이 생각난다.

조급히
서두르지 마라.

폭포 속의 격류도
소沼에선 쉴 줄을 안다.

얼마나 많은 사람이 이 험한 길을 올라와 사리탑에다 소원을 빌었을까. 단상까지 만들어 둔 걸 보면 단체로 예배를 드렸던 것 같다. 늦가을 비 때문인지 군인 몇이 지나간 후로 아무도 보이지 않는다. 탑도 얼굴만 보여주고 바로 안개 속으로 들어가 버린다. 따라 들어갔지만, 탑은 끝내 아무 말도 하지 않는다.

비가 멎는다. 가벼운 바람에 엷어지던 안개가 가을 햇살에 흔적도 없이 사라진다. 욕심과 번민이 안개처럼 사라지고 마음이 바람처럼 가벼워진다. 이제야 사리탑이 제대로 보인다. 어디선가 목탁 소리와 염불 소리도 들린다.

그곳에는 아직도 산꿩이 울고 있을까

어머니에게 밭은 삶의 터전이었다. 날이 밝으면 습관적으로 밭에 가서 씨를 뿌리고 가꾸었다. 논일이나 집안일을 하느라 밭에 가지 못하는 날에는 하루 종일 불안해했다. 어디를 가도 어린 자식을 집에 두고 타지에 온 것처럼 마음은 늘 밭이 붙어 있는 산기슭에 머물러 있었다.

울산에 볼일이 있어 인근 시골에 있는 어머니께 잠시 들렀다. 현관문을 열었지만, 인기척이 없다. "어머니!" 하고 불렀더니 도우미 아주머니가 방에서 나와 어제부터 꼼짝 않고 누워 있다고 한다. 아주머니가 아들이 왔다고 전하니까 실눈을 뜨고 허공을 향해 손을 내민다. 자식인 내가 어머니의 손을 잡았다. 까칠해진 손에 열기가 돋았다. 이유를 물었더니 밭일을 하러 나갔다가 더위를 먹은 것 같다고 한다. 그러면서 내 손을 더 세게 잡기만 한다.

그해 봄 어머니는 당뇨 때문에 기력이 떨어져 사경을 헤맸던 적이 있다. 병원에서 가까스로 퇴원한 지 얼마 되지도 않았는데 그 몸으로 밭 풀을 맸던 것이다. 완쾌되지 않은 몸으로 무더위와 싸웠으니 탈진하는 것도 당연했다. 괜히 울화가 치밀었다. 거두어들인 채소를 가져갈 자식들은 제각각 떨어져 있는데 땡볕에 뭐 하러 밭에 갔냐고 하려다 참았다.

밭일은 가족이 함께하면 훨씬 쉬워진다. 가장을 중심으로 힘든 일은 남자가 맡고 어머니와 아이들은 거름을 주거나 씨를 뿌리는 일을 한다. 여러 가지 작업을 동시에 해야 하는 밭일을 할 때 두세 사람이 한 조가 되면 훨씬 능률적으로 할 수 있다. 모종을 심을 때는 더 그렇다. 한 사람이 두세 포기씩 챙겨주고 다른 사람이 받아 심으면 배로 빨리 끝난다. 씨를 뿌리기 위해 골을 만들거나 잡초를 뽑을 때도 마찬가지다.

아버지는 집에도 밭에도 없었다. 일손이 모자라는 농번기에도 양복을 깔끔하게 차려입고 골목 밖으로 사라졌다. 시골에서 보기

드문 진기한 차림이었다. 우리 형제들은 아버지가 무슨 일을 하는지 알지 못했고 묻지도 않았다. 어머니는 단 한 번도 싫은 내색을 아니하셨다. 어머니는 밭일이 밀려도 아버지에게 짜증을 내거나 부탁하지도 않았다. 식구는 많았지만 정작 일할 장정 같은 사람이 없었다. 나와 동생들만 염소 몰듯 산기슭 밭으로 나가야 했다. 학교 시험 기간도 예외가 아니었다.

어머니가 가꾸는 밭에는 없는 게 없었다. 계획적으로 채소를 심는 것도 아니고 밭고랑을 곧게 만들지도 않았다. 삐뚤삐뚤한 이랑은 중간중간 끊어지기 일쑤였다. 무를 갈았다가 싹이 올라오지 않으면 배추를 심고 배추 모종이 죽으면 상추 씨를 뿌렸다. 치마상추부터 조선상추에 이르기까지 종류별로 있었다. 가장 정성 들여 가꾸는 부추 옆에는 아버지가 좋아하는 울릉도취나물이 빠지지 않았다. 들깨와 참깨도 이랑 중간에 조금씩 심었고 참깨 옆에 돋아난 결명자 몇 포기도 뽑아내지 않았다. 매년 여름이면 도라지가 흰색과 보라색의 눈부신 쌈지 정원을 만들었다. 어머니가 가꾸는 밭에는 특별하게 자랑할 만한 것이 없었지만 시골 빛 채색菜色은 모두 있었다. 무엇보다 그곳은 어머니의 밭이면서 꽃밭이었다.

어머니에게 채소는 평등한 존재였다. 심었든 저절로 났든 잡초가 아니면 버리지 않았다. 거름 속에 묻어 들어간 수박 씨와 참외

씨가 어쩌다 싹을 틔워도 비료와 거름을 정성껏 나누어 주었다. 수십 종의 채소가 자라고 있었지만, 어머니는 어디에 무엇이 있는지를 다 외웠다. 밭에서 자라는 먹거리에는 자식 대하듯 모성의 책임을 골고루 나누어 주었다.

어느 해 봄 어머니를 따라 밭에 간 적이 있다. 깨 모종을 챙겨 들고 뒷산 새 밭으로 따라갔다. 말없이 일하던 어머니가 갑자기 혼잣말을 시작했다. 영문을 모르는 나는 하던 일을 멈추고 내가 무슨 잘못을 저질렀나 싶어 잔뜩 긴장했지만 시간이 지나면서 어머니의 넋두리라는 것을 알아차렸다. 조금 후 냇물이 흐르는 듯한 흐느낌이 들려왔다. 늦여름 햇살이 꼬불꼬불한 이랑을 덥히는 가운데 산꿩과 뻐꾸기 울음만 더욱 요란해졌다. 어머니가 눈물을 흘리고 계시는 것이 느낌으로 다가왔지만 나는 돌아보지 않았다. 그냥 한 번에 두 포기씩 깨 모종만 건네주었다. 해가 서산에 다다르도록 꿩 소리는 그날따라 잦아지지 않았다.

집에서 어머니는 거의 말을 하지 않았다. 말할 틈이 없었다. 엄한 시부모가 있고 열 명이 넘는 대가족 뒷바라지는 끝없이 이어졌다. 시동생과 시누이들의 수발도 한몫했다. 어린 자식들을 젖을 먹일 때만 잠시 안아 볼 수 있었다. 새벽부터 늦은 밤까지 쉴 새 없이 밭일이 이어지는 가운데 어머니는 점차 말을 잃어갔다. 지금 돌이켜보면 어머니에게 산자락 밭은 먹거리 채소밭이 아니라 홀로 머물 수 있고, 못다 한 말을 건넬 수 있는 대화의 공간이었다. 오직 채소만이 소리 없이 어머니의 말을 들었다. 어느 누구도 그 대화에 끼어들 수가 없는 분위기가 깔려 있었다.

요즈음 불현듯 그때 나를 밭으로 데리고 간 까닭이 궁금해진다. 어머니만의 세상을 아들에게 보여주고 싶었을까. 꿩이 울던 그 밭은 오래전에 사라졌지만, 기억 속의 어머니는 아직도 그곳에서 풀을 뽑고 계신다. 그때 그 모습으로.

산화철

철鐵은 태어나자마자 원래의 모습을 잃는다. 강한 성질과 하얀 속살은 오랜 세월이 지나면 사라져 버린다. 희고 단단하던 철은 검붉은 피가 되어 바위 속으로 스며든다. 그 산화철은 쉽게 눈에 띄지 않는다. 수십억 년을 바위 속에 갇혀 구원의 손길을 기다린다. 어느 날 산삼을 찾아내는 심마니처럼 인간이 이것을 찾아냈다.

산화철의 철과 산소는 혼백魂魄과도 같다. 반짝이는 신호를 주지 않았다면 아무도 철을 찾지 못했을 것이다. 철을 이렇게 만든 것은 산소이다. 아무 냄새도 색깔도 없는 산소는 천적처럼 철의 신세를 망쳐 놓는다. 하얀 철을 싸구려 물감처럼 만들었다가 싫증이 나면 가루로 만들어 버린다. 산소는 철의 생명을 빼어가는 저승사자이다.

산소는 스토커처럼 철의 주위를 늘 맴돈다. 호시탐탐 기회를 노리다가 방비가 허술한 틈을 타 한몸이 된다. 쌍가락지처럼 떼 놓을 수가 없다. 이 때문에 철은 아직도 제대로 대우를 받지 못하고 있다. 귀한 대우를 받는 금과 같은 귀금속은 아예 산소와 상종도 안 한다. 알루미늄이나 아연은 체면치레로 친한 척만 한다. 철은 무슨 약점이 잡혔는지 산소만 보면 순한 양이 된다. 정말 궁합이 잘 맞는지도 모른다. 수십억 년을 혼백처럼 그렇게 붙어 있다.

철은 철광석의 산화철에서 태어난다. 영혼처럼 붙어있는 산소와 돌을 떼어내야 철이 된다. 바위 속 산화철은 철이 아니다. 인간은 철광석에서 철을 건져내는 방법을 찾아냈다. 그것이 불이다. 눈에 콩깍지가 씐 산소를 떼어 놓으려면 어지간한 불로는 어림도 없다. 어설프게 시작하면 암세포를 죽이려다 생사람 잡는 꼴이 된다. 인정사정 볼 것 없이 불을 때면 호위무사처럼 산화철을 감싸고 있던 돌이 먼저 녹는다. 돌이 끓어오르면 철은 녹아서 아래로 처진다. 기댈 곳이 없어진 산소는 불 속에서 방황하다 열반의 길을 택한다. 긴 세월 쌓였던 업을 벗어버리는 순간이다. 영혼처럼 붙어 있던 산소가 승천하면 펄펄 끓는 쇳물만 남는다.

육신이 드러난 철에는 또다시 산소가 찾아든다. 녹아 없어진 몸 주위를 맴돌던 그 혼은 갈 곳이 없었던 것일까. 승천하지 못하고 구천을 떠돌고 있는 것일까. 뜨거운 열기가 사라지기도 전에 철의 곁으로 다시 찾아 든다.

묵은 때 같은 까만 산화철을 벗기는 데는 뜨거운 염산이나 황산이 최고다. 잠깐만 담가두면 처녀의 속살처럼 철의 본모습이 하얗게 나타난다. 하얀 철이 다시는 산소와 못 만나게 해야 한다. 목욕하고 로션을 바르듯이 잽싸게 기름이나 페인트 등을 바른다. 위리안치시키듯 울타리를 만들지만 이것 또한 일시적이다. 아무리 가시 울타리를 잘 만들어도 세월 앞에는 장사가 없다. 시간이 지나면 천천히 무너지기 시작한다. 한겨울 추위가 아랫목을 파고들 듯이 산소는 소리 없이 들어와 앉는다.

인간들은 철을 다양한 모습으로 가공한다. 망치로 때리고 롤러로 누르고 억지로 틀 속에 넣어 마음대로 짓이긴다. 그래도 마음에 들지 않으면 다시 때리고 누르고 심지어는 불로 녹이기까지 한다. 끈질기게 괴롭히고 잔인하게 다루면 무골호인 같은 철도 스트레스를 받는다. 그러면 풀어줘야 한다.

스트레스 해소에는 뜨거운 찜질이 최고다. 온몸이 녹을 정도의 뜨거운 열기가 뼛속까지 파고들도록 불을 피운다. 너무 급하게 가열하면 겉이 타고 약하면 오장육부까지 열기가 전달되지 않기 때문이다. 식힐 때도 체질이 완전히 바뀔 때까지 기다려야 한다. 산모가 며칠 동안 뜨뜻한 방에서 몸조리하는 것과 같다. 새로운 몸이 만들어질 때까지.

뜨거운 불가마에 오래 방치하면 너무 무른 철이 된다. 그러면 다시 뜨거운 열로 근육을 이완시켜야 한다. 벌겋게 달아오른 철을 갑자기 찬물에 담그면 놀란 근육이 오그라들면서 단단해진다. 너무 강하면 또다시 잘 달래서 부드럽게 만들어야 한다. 뜨겁게 달구는 척하다가 천천히 식혀준다. 그러면 강하지만 부드럽고 질긴 성질을 갖는다. 강한 것보다 질긴 것이 더 좋을 때가 있다. 무엇이든 지나치게 강하면 부러지기 마련이다. 강한 성질보다는 부드러움이 더 필요한 것이 사람이다.

뜨거운 용광로 속에서 태어난 철은 너무 강하다. 어르고 달래기를 반복하면서 체질을 바꿔준다. 어떠한 변화에도 살아남도록 강약을 조절해보지만, 세월이 지나면 이승에서 생을 마감한다. 흙에서 태어나 흙으로 돌아가는 인간들처럼 철도 어김없이 산화철로 돌아간다. 누구도 찾을 수 없는 더 깊은 곳으로. 찰나의 부질없는 기억을 다 잊고 영생을 꿈꾸며 어디론가 흔적도 없이 사라져 간다. 철의 절대적 인연인 산소는 어디에 있는가.

사월 초파일

내무반 전화벨이 울렸다. 내 전화였다. 아가씨가 면회를 왔으니 면회실로 오라고 한다. 누구냐고 물으니 이름을 알려주는데 기억이 나지 않는다. 확인을 부탁했더니 나를 찾아온 사람이 확실하다고 한다. 아무리 생각해도 기억이 잘 나지 않았다. TV를 보던 동기가 씩 웃으면서 마무리 잘하라고 한다.

면회실에 들어섰다. 넓지 않은 면회실 안을 휙 둘러보니 아는 사람이 없다. 위병소 동기가 장난을 쳤나 싶어 나오려는데 한 아가씨가 눈인사한다. 선뜻 기억이 나지 않아 당황스러웠다. 머릿

속은 기억을 더듬느라 바빴다. 시간이 멈춘 것 같았다. 순간 뭔가가 휙 지나갔다. 아하! 그래 그날, 회암사에서 만났던 아가씨였다. 가볍게 인사를 하고 앞에 앉았다. 이 광경을 지켜보던 위병소 동기가 눈을 찡긋하고 사라진다. 내무반 동기들도 궁금했는지 따라왔다가 묘한 표정을 짓고는 내려간다. 자리에 앉자마자 아가씨가 먼저 말을 건넨다. 약속을 지키러 왔다고.

그해 사월 초파일이었다. 병영의 석가탄신일은 평범한 공휴일이었다. 축구나 한 게임 할까 하고 준비하는데 불교 신자는 연병장에 집합하라는 전갈이 왔다. 평소에 가깝게 지내던 선임이 바람이나 쐴 겸 절에 같이 가자고 했다. 수학여행을 제외하면 거의 가지 않을 때라 망설였다. 가도 불심보다는 유물에 관심이 많았다. 역사적 사실을 많이 간직하고 있는 회암사에 간다기에 따라나섰다. 제대하기 전에 꼭 한번 가보고 싶은 절이기도 했다.

차는 먼지를 일으키며 산속으로 들어갔다. 차는 덜컹거릴 때마다 부서지는 소리를 냈다. 한참을 달리던 차는 군용도로가 끝나는 산기슭에 멈춰 섰다. 산기슭에는 연분홍 진달래꽃과 노란 오리나무꽃이 녹음을 재촉하고 있었다. 아직도 전방의 산속에는 봄이 머뭇거리고 있었다. 우리를 내려놓은 차는 바로 부대로 돌아갔다.

회암사는 그곳에 없었다. 기대했던 전국 제일의 수선도량修禪道

場은 없었다. 잘 다듬어진 화강암 축대만이 두꺼운 이끼를 둘러쓰고 옛 절터를 지키고 있었다. 잎도 없는 칡넝쿨이 그물망처럼 얽혀있는 그곳은 황량했다. 많은 사람이 합장을 하고 예불을 올렸을 경내에는 누군가가 조그마한 밭을 갈고 있었다. 밭이라도 일구지 않았다면 억새와 잡초에 가려 절터인지 분간할 수 없을 정도였다. 아쉬운 마음에 가까이 가 보니 큰 묘가 하나 있었다. 얼핏 봐도 돈 많은 사람의 무덤 같았다. 못 볼 것을 본 것 같은 생각이 들었다. 큰 비석을 보니 더 그랬다. 같이 간 동료들은 별 관심없이 앞만 보고 걸어갔다. 이곳이 목적지가 아니었다.

나는 무리를 따라 새로 지은 회암사로 갔다. 조금 떨어진 곳에 보전을 짓고 불상을 봉안한 작은 절이었다. 지공·나옹·무학의 진영이 모셔져 있고 부도와 탑비가 작은 언덕에서 내려다보고 있었다. 일제강점기 때 회암사 절터 옆에 지은 평범한 절이었다. 단체로 예불을 올리고 공양간으로 갔다. 이미 긴 줄이 기다리고 있었다. 비빔밥을 준비하던 공양주가 군인들은 앞으로 나오라고 하자 모두가 길을 터 주었다. 점심을 먹고 오래된 부도와 탑 주위에서 사진 몇 장을 찍고 나니 할 일이 없었다.

나는 다시 옛 절터로 내려왔다. 덤불을 헤치고 올라가 사방을 둘러보니 뒤에는 바위 병풍 같은 산이 있고 앞에는 넓은 들이 자리잡고 있었다. 인도에서 온 지공스님이 왜 이곳에 자리를 잡았는지 짐작이 갔다. 칡넝쿨을 뚫고 올라온 당당하고 힘찬 당간지주와 깨진 기왓장 더미가 한때 왕실 사찰임을 애써 말하고 있었다. 불심으로 왕실의 힘을 되찾으려다 역사에서 사라진 그곳은 언제 올지도 모르는 봄을 기다리고 있었다. 수많은 스님이 덤불 속에서 내 앞으로 다가오자 법당 앞 석등에는 불이 켜지고 연못에는 연꽃이 가득 피어났다. 왕실 사찰로 다시 태어날 날을 기다리는 석물들 속에서 나는 한참을 더 서 있었다.

인적이 드문 오솔길을 걸어 내려왔다. 길가에는 노란 개나리꽃이 절정의 아름다움을 뽐내고 있었고, 멀리서 밭 가는 농부의 소리가 아지랑이처럼 들렸다. 그때였다. 어디선가 사람은 보이지 않고 여자 웃음소리만 들렸다. 나는 뭔가에 홀린 것처럼 그쪽으로 걸어갔다. 화사하게 차려입은 또래 아가씨 두 명이 꽃에 앉은 나비를 보면서 웃고 있었다. 봄기운이 감도는 아가씨들의 모습에 가슴이 뛰기 시작했다. 살랑거리는 봄바람에 길가의 오방색 연등도 파도처럼 일렁거렸다. 성급하게 다가가면 나비처럼 날아갈 것만 같아 조심스레 다가갔다. 어디선가 급하게 내려온 선임이 먼저 말을 붙였다. 별 반응이 없었다. 선임은 안 되겠다는 듯이 손사래를 치며 나에게 동의를 구했다. 멋쩍었다. 한동안 침묵이 흘렀다. 부대에서 차가 오면 역까지 태워주겠다며 내가 나섰다. 산골이라 기차역으로 가는 차가 없는 곳이었다. 서울에서 왔다는 아가씨들의 말문도 트였다. 목소리가 봄바람처럼 간지러웠다. 보드라운 서울말이라 더 그랬다. 잘 알지도 못하면서 회암사에 대한 이야기를 꺼냈다. 아가씨들이 관심을 보였다. 역사를 전공한 졸병에게 언젠가 들었던 이야기를 되새김질하면서 한참을 아는 체했다. 별 내용도 없는 이야기는 오래도록 이어졌고 웃기도 많이 웃었다.

밑천이 드러날 즈음 부대에서 차가 왔다. 먼지가 풀풀 날리는 길이었지만 올 때와는 분위기가 사뭇 달랐다. 멀게만 느껴지던 그 길은 너무 짧았다. 아가씨들을 역 앞에 내려주며 말했다. 나중에 시간 되면 면회 한번 오라고. 사월 초파일은 그렇게 하루해가 저물었다.

그해 가을, 달개 같은 홰나무 잎이 노란 비가 되어 흩날릴 때 면회를 온 것이다. 반년이 지나서 왜 찾아왔는지 묻지도 않았다. 소요산의 단풍이 다 지고 흰 눈이 온 세상을 하얗게 덮을 때까지 몇 번 더 만났지만, 대화는 진전이 없었다. 내무반에서 TV나 보면서 무기력하게 시간만 보냈을 말년 병장에게는 잠시나마 위로가 되었다. 연등이 물결처럼 출렁이는 사월 초파일만 되면 회암사 개나리꽃이 생각난다.

참귀족

귀족은 언제나 있다. 반상제도가 무너진 지금도 귀족은 엄연히 존재한다. 세상이 복잡할수록 별의별 귀족이 난무한다. 이들은 선민의식을 갖고 힘없는 평민들의 상전 노릇을 하면서 자신들만의 세계를 누리고 싶어 한다. 예나 지금이나 그 벽은 철옹성 같아 넘나들기가 쉽지 않다.

귀족들은 처세술에 뛰어나다. 어떤 변화에도 잘 적응하는 천부적인 재능을 가지고 있다. 해바라기처럼 늘 힘의 향방에 촉각을 곤두세우고 쉴 새 없이 안테나를 돌린다. 권력의 이동이 더듬이에 걸려들거나 새롭게 태동하는 조짐이 감지되면 바로 말을 갈아탄다. 어느 재벌 총수의 말처럼 어떤 시류에도 잘 편승해 살아남는다. 힘의 논리에 따라 약자에게는 한없이 강하지만 힘 있는 사람 앞에서는 바로 고개를 숙인다. 구중궁궐의 환관들처럼 인의 장막이 되어 권력을 주무르고 실세 노릇을 할 때도 있다.

금속도 그렇다. 성골처럼 귀족으로 태어나 신분 세탁이 되지 않는 귀금속이 있는가 하면 진골처럼 귀족이 된 것도 있다. 귀금속은 당기면 엿가락처럼 늘어나고 두들기면 전 방위로 잘 펴져나간다. 외부로부터 압력이나 충격이 오면 저항보다는 그 힘에 순순히 응한다. 아무리 불로 달구고 집게로 비틀고 망치로 때려도 새로운 형태로 살아남는 유전인자를 가지고 있다. 자신의 모습을 버리는 한이 있어도 주인의 입맛에 맞게 변신한다.

나아가 이들은 본능적으로 힘 있는 곳을 찾아든다. 권력의 상징인 금관이 되어 천하를 호령하고, 반짝이는 금박과 은박이 되어 여인의 저고리나 치맛자락에서 분 냄새에 취하기도 한다. 운이 좋으면 종교적 상징물이 되어 만인의 추앙을 받거나, 고관대작의 장신구가 되어 분에 넘치는 허세를 부리기도 한다. 가루가 되어도 납골당에 가지 않고 비싼 음식 위에 날 보란 듯 자리를 잡는다.

지금은 실세에서 밀려났지만 나름의 타고난 재주가 있어 여전히 귀족의 반열에서 서성대는 희멀건 은도 있다. 독을 찾아낸다는 핑계로 주인과 겸상을 하며 가장 먼저 음식 맛을 본다. 세상에는 별로 하는 일도 없으면서 호가호위를 누리는 이런 사람이 한둘이 아니다.

부와 명예를 경험한 이들은 남들과 잘 어울리지도 않는다. 질소나 산소가 아무리 볼을 맞추고 주위에서 서성거려도 소 닭 보듯 한다. 잘 나간다는 금속들이 손을 내밀어도 눈길 한번 주지 않는다. 하찮은 장신구나 장식품이 되는 한이 있어도 자기들끼리만 뭉치기를 좋아한다. 어쩌다 졸부 같은 신소재가 얼굴을 들이밀면 비금속이나 중금속이라 부르면서 가차 없이 퇴출시킨다. 어떤 세파가 닥쳐와도 변함없는 것은 자신들의 선민의식과 우월성이다. 남의 눈만 없으면 자기들만의 세상을 만들고 싶어 하는 그런 사람들과 비슷하다.

철은 그렇지 않다. 뛰어난 처세술도 고고한 성품도 없다. 위세를 부려본 적도, 누구의 지극한 사랑을 받아본 적도 없다. 예나 지금이나 마냥 가장 낮은 자리에 있다. 지금은 철기시대라고 쇠의 역할을 강조하지만 제대로 대접 한번 받아본 적이 없다. 산업의 쌀이라는 수식어도 점차 빛바랜 인용구가 되어간다. 하늘처럼 받들라고 가르치지만 늘 공허한 외침이었다. 늙고 병들어 쓸모가 없어지면 고려장을 하듯이 고철 수집소 야적장에서 수명을 다한다.

철은 온몸이 닳아 없어질 정도로 자신의 역할을 다하지만 끝내 버려진다. 언젠가 버려질 줄 알고 있었지만 어쩔 수가 없다. 여기가 태어난 고향이고 마지막 안식처이기 때문이다. 한번 뿌리내리면 손발이 다 닳고 뼈가 부러지도록 일하는 농부처럼 그렇게 산다. 사실 떠나려 해도 떠날 곳도 없다. 순박한 농부 같은 철도 내 가족이 위험에 처하면 노도와 같이 일어나는 민초들처럼 강철이 되기도 한다. 눈치만 보고 놀기 좋아하는 베짱이 같은 귀금속과는 다르다.

예리하고 저돌적인 창칼이 되고 망치처럼 무식한 모습을 하고 있지만, 천성만은 금속 중에서 가장 착하다. 그렇다고 막 대하거나 쉽게 다루면 안 된다. 너무 심하게 대하면 성질이 난폭해져 잘 부서지고 하자는 대로 하면 물러서 못쓰게 된다. 적당하게 칭찬해주고 인정해주면 어떤 금속보다도 강한 도구나 기계로 탄생한다.

친화력이 좋은 철은 누구와도 잘 어울린다. 가벼운 알루미늄이든 무거운 크롬이든 상관하지 않는다. 마음에 들지 않아도 내색하지 않고 상대를 배려한다. 때로는 자신을 버리면서까지 양보한다. 검소하기가 이를 데 없어 은보다 더 빛나면서도 늘 헌옷을 걸치고 다닌다. 태어나면서 생이별한 반려자 때문인지 자신의 본

모습을 잘 드러내지도 않는다.

무엇보다 쇠는 정절이 깊다. 반들거리는 기름이 치근거려도 화려한 페인트가 윙크를 날려도 눈길 한번 주지 않는다. 수십억 년 동안 살을 섞고 살면서 다툼 한번 없었기에 더 그렇다. 일구월심 오직 산소와 만날 날만을 기다린다. 꿈에도 그리던 산소를 만나 피눈물같이 검붉게 산화되면 다시는 환생할 수 없는 먼 곳으로 사라진다.

서민도 그렇다. 단순하게 살다 보니 뛰어난 처세술이 필요 없다. 권력을 맛보거나 허세를 부려본 적도 없다. 가진 것이 없다 보니 숨길 것도 누릴 것도 없어 정다운 이웃끼리 서로 도우며 산다. 세간의 관심사 보다는 먹고사는 일에 집중할 때가 많다. 그들은 언감생심 벼락부자나 고관대작은 꿈도 꾸지 못하고 비슷한 생활을 대물림한다. 이들이 사는 곳에도 때만 되면 철새들이 날아든다. 서민을 하늘처럼 섬기겠다며 시장 바닥을 누비는 잡새들이 가끔 찾아온다. 늘 속아 온 터라 무관심하게 그냥 흘려듣는다. 현진건의 〈운수 좋은 날〉에 등장하는 김 첨지처럼 아무도 기억해주지 않지만 오늘도 자신의 삶을 위해 열심히 산다.

서민 정신이 곧 철의 정신이다. 날이 갈수록 혼탁해져 가는 오늘날의 진정한 귀족은 서민이 아닐까 싶다.

3부

할아버지의 가을 산행

나는 앞산으로 할아버지 마중을 나갔다. 서리가 하얗게 내리고 나무들이 옷을 벗는 이때가 되면 할아버지는 산으로 가셨다. 준비한 점심 도시락을 지겟가지에 걸고 능선과 골짜기에 묏등이 많은 앞산으로 가신다. 먼 산으로 혼자서 길을 떠나신다.

여치들의 합창

소 꼴 먹이러 가는 것이 싫었다. 아니 겁이 났다. 한창 엄마 곁을 따라다닐 일곱 살 아이가 혼자서 소를 몰고 산으로 가는 것은 쉽지 않았다. 아무리 소가 유순한 동물이라고 해도 큰 몸집에 두 개의 뿔은 위압적이었다. 억새풀이 무성한 여름이 되면 어쩔 수 없이 소고삐를 처음 잡았던 그때 일이 생각난다.

대가족이라 사람은 많았다. 그러나 정작 소고삐를 잡을 사람은 없었다. 할머니는 굽은 허리와 체면 때문에 바깥일은 일찌감치 접었고, 형님들은 할아버지와 농사일을 하느라 바빴다. 자연스럽게 나보다 다섯 살 많은 누나에게 시선이 모였다. 열 살 정도만 돼도 남녀 구분 없이 소 먹이러 다닐 때였다. 나이를 보면 누나가 가는 것은 당연했다. 할아버지의 명이 누나에게 떨어졌다. 모두가 당연하다 생각했지만 정작 본인은 사색이 되었다. 누나는 마치 마음에 들지 않는 곳으로 시집가는 어린 신부처럼 온갖 짜증을 다 냈다. 소가 무서워서 못 간다고 사정하면서 우는 딸에게 그 결정을 번복할 힘이 없던 어머니는 그냥 달래기만 했다.

오후가 되자 뒷집 할머니들이 소를 몰고 집 앞을 지나갔다. 할아버지는 소고삐를 누나 손에 쥐여 주며 빨리 따라가라고 소를 골목까지 끌어다 주었다. 큰 소리로 목을 한번 푼 소는 진작부터 풀 뜯을 생각을 하는지 침부터 질질 흘렸다. 꼬리를 흔들며 빨리 가자고 재촉하지만, 누나는 소고삐만을 움켜쥔 채 집 앞에서 움직일 줄을 몰랐다. 어머니가 달려나가 달랬지만 누나는 소고삐를 쥔 채 돌부처처럼 요지부동이었다.

시원한 들판으로 나가는 소들의 울음소리가 들리자 우리 소도 큰 눈을 부라리며 머리를 흔들어 댔고 입가에는 하얀 침이 거품처럼 쌓여갔다. 시끄럽게 울던 매미도 소들의 울음소리에 놀라 잠시 조용해졌다. 뜨거운 햇볕에 소는 지쳐갔고 누나의 두 볼에도 눈물이 말라갔다. 보다 못한 어머니가 갑자기 나를 불러 누나 대신 좀 가라고 했다. 어머니가 말할 수 있는 사람은 나밖에 없는 것 같았다. 나는 생각 없이 고삐를 넘겨받았다. 이렇게 누나에게 가야 할 소 먹이는 일이 나에게 일찍 넘어왔다.

첫해는 뒷집 할머니들을 따라다녔다. 할머니들은 다리가 아프고 걸음이 느려 일찍 출발했다. 별다른 놀이도 하지 않고 나무 그늘에서 소만 바라보면서 시간을 보냈다. 소가 풀을 뜯는 동안 할머니들은 부채질하면서 많은 이야기를 했다. 며느리 흉을 보는 것은 기본이었다. 어느 때 이야기인지도 모를 옛이야기부터 어제 있었던 이야기까지 장소를 옮겨가면서 이어졌다. 먼저 간 아들의 사연이나 시집간 딸이 구박받는 대목에서는 다 같이 자기 일처럼 눈물을 흘렸다. 언제나 자식에 대한 엄마의 마음은 같은 것 같았다. 일찍 남편이 죽고 아들 며느리와 함께 사는 처지라 가슴에 쌓아 두었던 사연들을 말할 곳이 없었던 것 같았다. 경로당도 마을 회관도 없던 시절이라 할머니들은 대화할 곳도 상대도 없었다. 실권도 없는 갑갑한 집안보다는 말을 듣지도 옮기지도 않는 소를 앞세우고 나오는 것이 더 좋았을 것이다.

가끔 멀리서 들려오는 기적 소리가 정적을 깨고 이야기판에 끼어들었다. 올망졸망 이어지는 산줄기 사이로 펼쳐지는 동해에 배가 천천히 지나가면 하던 이야기를 멈추고 그쪽을 바라보았다. 왜 기적 소리와 배만 보면 멍하니 그곳을 바라보았을까. 기차나 배를 타고 해가 지는 서역으로 가고 싶어서일까. 할머니들은 사람이 죽으면 돌아올 수 없는 어떤 강을 건너 서쪽 나라로 간다고 했다. 어디서 왔다가 어디로 가는지 알 수 없는 배처럼 자신도 그렇게 간다고 믿고 있었던 것은 아니었을까. 이 순산만큼은 나아질 줄 모르는 현실을 잊고 멀리 보이는 화물선을 타고 어디론가 가고 싶었을 것이다.

한번은 인적이 드문 먼 곳으로 갔다. 예전에 누군가가 살았던 집터 같은 것이 있고 감나무와 배나무도 있었다. 깊은 산중이었지만 큰 소나무나 잡목들이 별로 없고 억새풀만 무성한 작은 분지 같은 곳이었다. 억새는 잎 가장자리가 톱날처럼 날카로워 여차하면 칼에 베인 것처럼 팔다리에 자상을 낼 정도로 거칠었지만, 소들은 제 세상을 만난 듯이 긴 혀를 쭉 뻗어 거칠고 싱싱한 억새를 휘감아 입으로 당겼다. 정신없이 풀을 뜯어 먹느라 멀리 가버린 소를 찾아 나섰다. 워낭 소리가 나는 쪽으로 조금씩 들어가다 보니 우거진 억새 사이에 있는 작은 평지가 있었다. 그곳에는 무언가가 타다 남은 흔적이 남아 있었다. 호기심에 그쪽으로 몇 발짝 더 들어가자 할머니들이 돌아오라고 했다. 그곳은 얼마 전 젊은 남녀가 자살한 곳이라고 했다. 산 아랫동네에 살고 있던 처녀총각이 서로 좋아해 결혼을 약속했으나 부모들의 반대가 심해 이곳에서 이승의 삶을 마감한 곳이라고 했다. 이야기를 듣고 있는 동안 다른 할머니는 자식 이기는 부모가 없다는데 하면서 혀를 찼다.

사연을 아는지 모르는지 무심한 벌들은 보라색 싸리꽃에 머리를 박고 꿀을 빠느라 여념이 없었고, 흰색과 보라색이 어우러진 도라지꽃이 산골 처녀의 화신처럼 청순하게 피어 있었다. 억새풀이 많았던 그곳에는 유달리 여치가 많았다. 여치들의 노랫소리가 서늘한 바람을 타고 불어오자 해 그늘이 점차 길어졌다. 약속이나 한 듯 게으름을 피우던 베짱이도 눈치를 보던 귀뚜라미도 화음을 더했다. 지휘자 없는 오케스트라는 시원한 산바람에 맞춰 연주하는 듯했다. 누구를 위한 연주였을까. 사랑을 이루지 못한 그들의 영혼을 위한 천도제를 지내고 있는 것이었을까. 나는 배부른 소를 앞세우고 유난히 붉은 저녁노을을 바라보며 천천히 산에서 내려왔다.

가끔 무성한 억새풀과 여치 소리가 기억난다. 지금도 시원한 산바람이 그늘을 따라 내려오면 여치들이 합창하고 있는지. 반세기가 지난 지금도 그 이야기와 여치 소리가 가득한 억새 숲이 한 번씩 생각난다.

불음의 환생

범종은 소리로 중생을 구제한다. 번뇌에서 벗어나 깨달음을 얻게 해주고 지옥에 있는 영혼을 제도한다. 높은 종루에 매달려 불음을 전하지만 그런 종성을 잊은 지 오래된 범종도 있다. 지금도 어디에선가 종소리는 만물을 잠에서 깨우고 새벽을 힘차게 연다. 날이 저물면 삼라만상을 잠재우기도 한다.

범종은 절의 사물에 속한다. 범종의 소리는 법고나 목어 운판과는 다르다. 불음을 전하는 처마 끝 작은 풍경도 가늘게 부는 바람에 온몸을 흔들어 청아한 소리를 내지만 울림은 주지 못한다. 어쩌면 변성기를 지나지 않은 아이의 목소리와도 같이 귀엽다는 생각이 든다. 예불을 올릴 때마다 울려 퍼지는 높은음의 작은 종소리도 그저 시간만을 알려줄 뿐이다. 나무망치로 두드리는 작은 종이나 운판은 징소리보다도 짧아 가슴 속으로 파고들지 못한다. 소리꾼처럼 뱃속까지 탁 트이는 시원한 목소리도 아니고 심금을 울리는 가수의 성대도 아니다. 동요를 부르는 아이들의 맑고 고운 소리에 지나지 않는다. 범종은 다르다. 어디에서 시작되는지 알 수 없는 깊은 곳에서 끊임없이 울려 퍼지는 부처님의 소리는 지옥의 중생에게도 전해진다.

박물관 한쪽에서 침묵하고 있는 범종이 있다. 원래 과묵한 줄은 알았지만, 지금은 아예 말문을 닫고 있다. 오랜 세월 온몸을 떨면서 소리를 내다보니 지쳤는지 아니면 말 못할 고민이 있는지. 서라벌을 울리고 서방세계까지 울렸던 범종은 미동도 하지 않고 콘크리트 종각에 매달려 있다. 그것도 힘이 드는지 큰 목침 위에 점잖게 앉아 있다. 하기야 아무리 강한 쇠북이라 해도 수없이 반복되는 충격에 지금까지 견딘 것만 해도 장한 일이 아니겠는가. 잔소리 몇 번에도 머리를 감싸고 피로감이나 우울증 운운하는 인간에 비하면 대단하다는 생각이 든다.

비슷한 시기에 태어난 상원사 동종은 피로감을 견디지 못하고 다시 올 수 없는 곳으로 갔고, 나라의 국운을 걸고 만들었다는 황룡사 큰 종은 이름만 남아있다. 세상에서 가장 큰 종을 만들어 힘을 과시하려던 황제의 종도 소리 한번 내보지 못했고, 잘 알려진 평화의 상징인 자유의 종도 입을 닫은 지 오래다.

이 범종은 달랐다. 늦게 태어나 제대로 소리도 한번 내보지 못하고 깨지고 떨어져 나간 것과는 다르다. 천 년이 넘는 세월 동안 부처님 말씀을 전하고 지금은 퇴역 준비를 하고 있다. 보기에는 아직도 기력이 팔팔하던 때와 같이 말쑥하지만, 나이는 못 속인다고 보이지 않는 곳에서 이미 발병이 시작됐다고 한다. 앞서 많은 종이 무리하다가 천수를 누리지 못한지라 진단 결과에 잘 따르고 있다. 한때 홍수에 떠내려가고 박물관 이곳저곳을 전전하면서 홀대를 받다 보니 기력이 많이 쇠약해진 것은 사실이다. 타고난 체력이 워낙 강골이라 그래도 이만큼이라도 버티고 있지, 그렇지 않았으면 벌써 뒷방 마님 신세가 되고도 남았을 것이다. 그래도 범종을 대하면 공연을 앞둔 소리꾼처럼 잠시 목을 쉬는 것처럼 느껴진다. 누구도 흉내 낼 수 없는 중후한 소리를 내는 이 종은 범종 중에서 단연 으뜸이기에 그렇다.

답답한 마음에 복제품 제작을 시도한 적도 있다. 대를 이어 천 년 동안 울려줄 복제품을 만들려고 최고의 전문가들이 나섰다. 개나 양도 복제하는 세상에 천년도 더 전에 만들었던 종을 못 만든다는 것은 말도 안 된다면서 시작했다. 이왕 만드는 것 하면서 두 개를 동시에 만들었다. 공정별로 첨단 장비를 사용해 한 치의 오차도 없이 말쑥한 복제품을 만들려고 했지만 호락호락하지 않았다. 복제품은 공덕이 부족했는지 기술이 없었는지 청아한 소리도 장중한 소리도 나지 않았다. 당목이 당좌를 쳐도 끊어질 듯 이어지는 맥놀이는 없고 쉰 소리만 몇 번 내다 말았다. 신라인들의 아름다운 문양과 비천상은 끝내 나타나지 않았다.

그 범종은 불심으로 만들어졌다. 예나 지금이나 20톤 정도의 동종을 밀랍주조법으로 만들기는 쉽지 않다. 범국민적 차원에서 만들지 않으면 감히 엄두도 낼 수 없는 대불사라 할 수 있다. 석판에 문양을 새기는 석공과 쇳물을 녹이고 종을 만드는 수많은 사람이 필요한 대역사라 할 수 있다. 변변한 설비나 장비도 없이 쇳물을 만들고 붓는 일은 불심이 없으면 할 수 없는 작업이다. 수천 번 넘게 쇳물을 퍼다 거푸집에 붓다가도 한 번이라도 온도가 맞지 않으면 쇳물이 끓어 넘쳐 종은 사라지고 고철만 남는다.

범종 제작은 국책사업이었다. 오랜 전쟁으로 통일은 이루었지만, 상처뿐인 민심을 치유하고 보듬을 수 있는 것은 종교밖에는 없었을 것이다. 나라가 나라다워지려면 먼저 민심을 추스르는 게 우선이었기에 더 그렇다. 스님들은 부처님의 말씀을 끊임없이 전하고 중생들은 불국정토를 꿈꾸며 탁발에 동참했다. 누구나 부처가 될 수 있다 생각하고 옷자락을 날리는 비천상은 자신이라 생각하지 않았을까 싶다. 쇳물을 다루는 주조공이나 왕실의 대소 신료는 물론이고 승려들이나 구경나온 사람들까지도 같은 마음이었을 것이다. 육신은 비록 땅 위에서 곤고한 삶을 살고 있지만, 다음 세상은 부처님의 품 안에서 천세 만세 걱정 없이 살기를 갈망했을 것이다.

범종은 수많은 산고 끝에 20여 년 만에야 태어났다. 불심으로 만들어진 범종은 1,200년 전에 만들어진 성덕대왕신종이다. 지금은 많은 사람이 이 종을 에밀레종이라 부른다. 긴 세월 불음을 전했던 범종은 사람들의 마음을 달래고 어루만져 주었다. 불음을 전하는 종성이 사라지자 세상은 점차 이기적으로 변해가는 것 같다.

할아버지의 가을 산행

어느 늦가을 해 질 무렵이었다. 나는 앞산으로 할아버지 마중을 갔다. 해마다 이때만 되면 할아버지는 도시락을 준비해 뫼가 많은 앞산으로 가셨다.

내가 갓 중학생이 되었을 때다. 어머니는 학교 갔다 온 나에게 할아버지 마중을 가라고 했다. 이미 해는 서산 능선을 향해 빠르게 활공을 하고 있었고 서쪽 하늘은 저녁노을이 붉게 물들어 갔다. 나는 고삐 풀린 망아지처럼 들길을 뛰었다. 조금이라도 더 가서 할아버지의 짐을 받고 싶었기 때문이다. 추수가 끝난 벌판은 황량했다.

넓은 들을 지나 강어귀까지 갔지만, 할아버지는 보이지 않았다. 강물이 맑고 투명한 강가에는 하얀 억새꽃이 바람에 날리고 있었다. 강가에서 잠시 서성대는 동안 골짜기를 타고 내려온 산 그림자가 순식간에 어둠으로 변했다. 나는 산을 향해 몇 번이고 큰 소리로 할아버지를 불렀지만, 아무런 대답이 없었다. 애타게 부르는 소리가 메아리마저 삼켜버렸다.

불안한 마음에 강을 건너기로 했다. 드문드문 놓인 징검다리를 건너자 큰 산이 앞을 가로막았다. 장꾼들이 주로 다니는 오래된 산길을 따라 능선으로 올라갔다. 고갯길을 가다 보면 팔부능선 갈참나무 숲속에 많은 사람이 쉴 수 있는 너럭바위와 조그만 옹달샘이 있었다. 장꾼들도 나무꾼도 이 길을 지나는 사람이면 누구나 여기서 쉬어갔다. 조금만 더 올라가면 탁 트인 동해가 보이고 큰 돌무지가 나왔다. 고개를 넘는 사람들은 돌과 돈을 그곳에 던지면서 소원을 빌었다. 농산물과 해산물을 이고 진 장꾼들은 이 고갯길에서 무엇을 기원했을까.

가을 햇살에 노랗게 물든 싸리나무 잎이 가랑잎으로 변하면 산머루와 다래 냄새도 바람에 실려 어디론가 사라졌다. 여름 내내 무성하던 이파리가 떨어진 나무들은 몸피를 드러냈다. 해마다 이맘때가 되면 앞산은 겨울을 준비했다.

수없이 다닌 길이지만 어둠을 뚫고 올라간 적은 없었다. 조금만 더 가면 할아버지를 만날 수 있을 거라 생각하고 앞만 보고 걸었다. 몇 걸음 올라갈 때마다 할아버지를 불렀으나 대답이 없었다. 한참 올라가자 몇 미터 앞에서 인기척이 났다. 얼른 짐을 받겠다는 마음에 뛰어갔지만, 할아버지가 아니었다. 산골짝 논일을 마치고 내려오는 옆 동네 아저씨였다.

온양고개를 향해 정신없이 오르다 보니 어른들도 무서워하는 가마바위가 나타났다. 반대편 동해에서 불어오는 바람은 시원했지만, 인적 없는 산속에는 정적만 흘렀다. 더 높은 산봉우리를 향해 큰 소리로 불렀지만, 돌아오는 것은 작은 메아리뿐이었다. 그냥 내려갈 건지 아니면 더 올라갈 건지 갈등이 생겼다. 소 먹이러 몇 번 가 본 적이 있는 높은 산봉우리를 향해 달렸다. 공동묘지를 통과하면서 온몸이 땀에 젖었지만, 혹시 할아버지에게 무슨 일이 생겼을지도 모른다는 생각에 정신없이 올라갔다. 갑자기 길이 사라졌다. 정신을 차려보니 낮에도 잘 올 수 없는 산 정상에 서 있었다. 십 리 산길을 혼자서 밤중에 올라온 것이었다.

갑자기 겁이 덜컥 났다. 뭔가 잘못되었다 싶었다. 아무 생각이 없었다. 반쯤 울음 섞인 목소리로 할아버지를 나직하게 부르면서 왔던 길을 다시 뛰었다. 그때였다. 갑자기 눈앞에서 검은 물체가 불쑥 나타났다. 나는 너무 놀라 뒤로 넘어질 뻔했다. 고라니였다.

나도 놀랐지만, 고라니도 얼마나 놀랐는지 잽싸게 숲 속으로 달아났다. 놀란 가슴이 진정되기도 전에 내 얼굴을 향해 뭔가가 후다닥 튀어 올랐다. 산꿩이었다. 얼마나 놀랐는지 제대로 날지도 못했다. 나는 반쯤 혼이 빠진 상태로 산 아래쪽을 향해 그냥 뛰었다. 청미래덩굴에 긁힌 다리에서는 피가 났지만 긁힌 줄도 아픈 줄도 몰랐다.

그렇게 한참을 내려오니 멀리 징검다리가 보였다. 누군가가 나를 부르는 소리가 희미하게 들렸다. 할아버지였다. 나는 잘 보이지도 않는 징검다리를 단숨에 건넜다. 할아버지는 나를 부르고 나는 할아버지를 부르면서 점차 거리를 좁혀갔다. 길이 어긋나 만나지 못한 할아버지는 집에 갔다가 다시 나오신 것이었다. 손자가 마중 나갔다는 말을 듣고 바로 이곳까지 오신 것이었다. 칠순을 훌쩍 넘긴 할아버지의 목소리는 떨리고 있었다. 나도 터져 나오는 울음을 꾹꾹 누르면서 태연한 척했다.

할아버지와 나는 풀벌레들의 합창 소리를 들으며 말없이 들길을 걸었다. 흠뻑 젖은 땀 냄새를 맡으며 걷고 있는 밤길에는 귀뚜라미 소리가 가득했다. 그제야 밤하늘의 별자리도 하얗게 흘러가는 은하수도 보였다. 가쁜 숨도 점차 느려져 갔다.

해마다 이맘때가 되면 할아버지는 혼자서 산으로 가셨다. 가을 단풍이 낙엽되는 것을 보며 한 해가 갔다는 것을 확인하고, 산골

짜기마다 널브러진 몇등 친구들과의 추억을 회상하러 가셨지 않을까 싶다. 같은 마을에서 태어나 한평생 이웃으로 살았던 친구들이 칠순을 넘기면서 하나둘 이곳에 왔다. 여기에 오면 지난날의 사연들이 다가왔을 것이다.

몇 해 전, 할아버지는 동네가 보이는 산중턱에 플라타너스 묘목 한 그루를 심었다. 눈이 쌓이지 않는 양지바른 곳이라 하셨다. 늦가을 나무들이 겨울을 준비하듯 할아버지도 그렇게 다음 인생을 준비하셨을까. 벌써 45년이 지난 기억이다.

새끼 꼬던 겨울밤

두 손을 비빈다. 천천히 비벼지는 지푸라기는 하늘을 향해 춤을 춘다. 꼿꼿한 볏짚은 서로 부대낄 때마다 사각사각 소리를 내며 몸부림친다. 등나무처럼 뒤엉켜 가늘고 긴 꽈배기처럼 꼬이며 천장을 향한다. 서로 등을 맞대고 몸을 비틀어 뭉쳐진 볏짚은 힘줄처럼 단단해진다.

새끼는 손바닥의 마찰력으로 꼰다. 두 가닥의 볏짚을 손바닥으로 약간 누르면서 비빈다. 오른손은 바깥쪽으로 밀고 왼손을 안쪽으로 끌어당기면 오른 새끼가 되고 반대로 하면 왼 새끼가 된다. 오른 새끼가 대부분이지만 제장이나 산모가 있는 금줄은 반드시 왼 새끼라야 잡귀가 들어오지 못한다고 한다.

새끼는 볏짚을 잘 골라야 한다. 식재료가 음식의 맛을 결정하는 것처럼 좋은 볏짚으로 만들어야 새끼의 품질도 좋아진다. 많은 경험과 눈썰미가 있어야 하고 무엇보다 부지런해야 한다. 아무 생선이나 횟감으로 쓸 수 없는 것처럼 볏짚도 마찬가지이다. 통일벼같이 굵고 짧으면 새끼도 굵고 거칠어져 볏짚이 가늘고 긴 것을 상품으로 친다. 매초롬하고 긴 볏짚은 가마니나 멍석을 만들어도 보기가 좋다.

좋은 볏짚이라도 가공을 잘해야 한다. 짐승의 껍질도 지방을 제거하고 무두질을 반복해야 좋은 가죽이 되는 것처럼 볏짚을 다듬는 것도 여러 과정을 거친다. 좋은 음식을 만들기 위해 싱싱한 채소를 정갈하게 다듬는 것과 같이 볏짚의 손질은 작은 잎을 추려내는 일부터 시작된다. 한 손으로 이삭 부분을 움켜쥐고 다른 손은 갈퀴로 만들어 빗질하듯이 긁어내린다. 파나 부추처럼 곁다리 같은 마른 잎을 다 훑어내고 나면 큰 단으로 묶는다. 짚단을 마른 명태처럼 두드리다 보면 동그란 줄기가 잘게 쪼개져 물기를 잘 흡수하고 부드러워진다. 이때 너무 세게 두들기면 줄기가 부러지고 약하면 갈라지지 않는다. 적당히 두드린 짚단을 거꾸로 세워놓고 바가지로 천천히 물을 붓고 스며들 때까지 기다린다.

마른 짚으로 새끼를 꼬면 볏짚이 다 부러지기 때문이다.

추운 겨울만 되면 되풀이되는 짚단 만드는 일을 한동안 내가 담당했다. 친구들은 아무도 하지 않는 일을 나는 너무 일찍 할아버지에게 물려받았다. 짚에는 보이지 않는 작은 톱날이 있어 오래 만지고 다루다 보면 손바닥이 벌겋게 달아올랐다. 마치 사포에 문지르는 것 같아 손바닥은 거칠었지만, 어른들을 도울 수 있다는 생각에 언제나 뿌듯한 마음으로 짚을 다듬었다. 가끔 말없이 바라보는 어머니의 시선이 무엇보다 나를 힘나게 했다.

겨울만 되면 새끼 꼬는 일이 일상이었다. 언제부터 그랬는지 정확히 기억나지 않지만, 초등학교 들어갈 무렵부터였던 것 같다. 전기가 들어오지 않는 농촌의 밤은 유달리 길었다. 저녁상을 물리고 나면 굵은 짚단 하나가 방으로 들어왔다. 짚단을 볼 때마다 어디로 숨고 싶었다. 마루 끝에 세워둔 짚단만 봐도 걱정부터 앞섰다. 밥 먹는 내내 빠져나갈 궁리를 했다. 밥숟가락을 놓자마자 다른 방으로 피하거나 할아버지 뒤에 숨어 잠을 잘 때도 있었다. 그러나 소용이 없었다. 큰형님은 잠자는 동생들을 다 깨웠다.

큰형님은 촉촉한 짚단을 풀어 각자의 능력에 맞게 골고루 나눠주었다. 이때가 가장 신경이 쓰였다. 혹시 실력이 과대평가되거나 새끼 꼬기 어려운 짚이 배정될까 봐 모두가 형님의 손끝만 바라봤다. 아픈 척도 해보고 불만스러운 표정도 지어보았지만, 전혀 반영되지 않았다. 그렇다고 대놓고 적게 달라고 할 수는 없었다. 아무 말도 못 하고 늘 주는 대로 받았다.

손이 작은 할머니와 우리는 가마니 새끼만 꼬았다. 볏짚을 네 개 정도 골라 뿌리부터 매듭을 지었다. 가늘어지는 쪽에다 볏짚을 덧대면서 두 손으로 비볐다. 나풀대던 볏짚은 손바닥을 지나면서 새끼로 변했다. 짧은 볏짚이 명주실처럼 길게 이어졌다. 지그재그로 보충해주는 짚의 양과 주기에 따라 새끼의 굵기가 달라졌다. 중간에 덧댄 표가 나지 않도록 하는 것이 기술이었다. 이렇게 꼬아진 새끼는 엉덩이 뒤에서 뱀처럼 똬리를 틀고 쌓여 갔다. 가끔 뒤를 돌아보면 할머니가 꼰 새끼만 쑥쑥 늘어나는 것 같았다.

고사리같이 작은 손들은 할머니를 따라 열심히 비볐다. 꼬여가는 볏짚을 따라 입을 삐죽거리며 열심히 두 손을 비볐지만, 새끼는 늘어나지 않고 개구리 잡아먹은 뱀처럼 군데군데 불룩하게 튀어나온 불량 부분만 늘어갔다. 압력과 속도를 적절하게 조절하지 못하고 손만 바쁘게 꼬물거리다 보니 그렇게 된 것이다. 손바닥에 침을 뱉어가며 열심히 따라해 보았지만, 애를 쓰면 쓸수록 얼굴만 벌겋게 상기되었다.

할머니는 새끼 꼬는 것만큼은 달인에 가까웠다. 수십 년간 숙련된 할머니의 새끼는 물 흐르듯이 매초롬하게 이어져 나갔다.

그렇게 빠르지도 늦지도 않았고 힘을 많이 주면서 비비지도 않았다. 장독대에 정화수를 떠 놓고 비손할 때와 같이 경건하게 비볐다. 푸른 핏줄이 유난히 돋보이는 마른 손으로 염주를 세듯이 천천히 이어갔다. 흐트러짐 없는 할머니의 자세는 간절한 기도와 같았다.

새끼 꼬는 방에는 추운 겨울밤에도 열기로 가득했다. 같은 시간에 할당량을 마무리하려고 모두가 바쁘게 손을 비볐다. 밤이 깊어 눈꺼풀이 무거워지면 손들도 점차 느려졌다. 웃고 떠들던 목소리가 잦아들면 사각거리는 지푸라기 소리도 점차 힘을 잃어갔다. 까만 그을음을 토해내던 호롱불도 드센 문풍지 소리에 온몸을 파르르 떨었다. 마지막 남은 볏짚이 모두 사라지면 개 짖는 소리마저 잠이 들었다. 조용한 마당에는 별빛이 가득했다.

무명 가수

〈가요무대〉가 30주년이란다. 〈가요무대〉는 노래를 통해 향수와 추억을 되새기는 중장년층을 위한 음악 프로이다. 이 프로는 늦은 시간에 조용히 진행된다. 화려하거나 역동적이지는 않지만, 가슴에 잔잔한 파문을 일으킨다. 대중가요를 서민들의 애환과 연결해주는 교양프로이다. 어릴 때부터 흥얼거리던 노래가 잠시나마 갈 수 없는 그곳으로 데려다주기 때문이다.

큰형님은 〈가요무대〉를 좋아했다. 해방과 더불어 태어난 형님은 회사 일이 아무리 힘들고 피곤해도 이 프로를 거르는 경우는 거의 없었다. 노래를 조용히 듣고 감상하기보다는 따라 부를 때가 많았다. 가수가 된 듯 감정에 몰입할 때도 있었다. 〈가요무대〉가 있는 날은 누구도 채널을 마음대로 돌릴 수가 없었다. 연속극을 좋아하던 형수님도 그 시간만큼은 무조건 양보했다.

큰형님도 한때 가수를 꿈꾼 적이 있다. 당시 쉽게 볼 수 없었던 낡은 유성기로 박자와 음정을 다듬고 기타를 치면서 노래를 불렀다. 밤이면 개 짖는 소리만 크게 들리는 한적한 동네에서 쇠줄을 퉁기는 기타 소리는 멀리까지 퍼져 나갔다. 은하수가 쏟아지는 한여름 밤, 기타 연주가 길어지면 동네 처녀들이 어김없이 모여들었다. 모깃불마저 꺼져버린 깊은 밤까지 나무 평상에 앉아 발끝을 까닥거리며 노래를 따라 불렀다. 어떤 날은 하모니카를 불었다. 두 손으로 움켜쥔 하모니카가 입술을 타고 좌우로 움직일 때마다 반주에 맞춰 구성진 멜로디가 흘러나왔다. 신기한 듯 바라보는 청중들의 눈길을 외면한 채 자신의 음악 세계로 빠져들었다. 라디오도 흔하지 않던 그때는 태엽 힘으로 돌아가는 유성기와 형님의 악기 연주가 한여름 밤을 들뜨게 했다.

큰형님은 고음 처리가 어려운 여자 가수들의 노래를 잘 불렀다. 송춘희의 〈수덕사의 여승〉은 최고의 애창곡이었다. 약간 남성적인 음색을 띠고 있는 여가수의 목소리가 형님에게는 잘 어울렸다. 어디를 가든지 이 노래를 한 번은 불렀다. 가끔 다른 노래를 부르면 반드시 앙코르 신청이 들어와 이 노래를 부르게 했다.

큰형님은 수덕사에 가본 적도 없었지만, 노래를 듣고 있으면 수덕사에 잠시라도 살았던 것 같은 생각이 들었다. 왠지 적적한 산사와 가녀린 여승의 눈물이 연상되고, 청아한 목탁 소리가 잔잔하게 들리는 것 같았다. 심장 박동 소리 같은 리듬이 겹쳐지는 전주는 시작부터 듣는 사람의 마음을 아리게 했다. 마지막 구절에 다다르면 봄 들같이 파란 머리에 새초롬하게 승복을 입은 여승의 모습이 떠오르고, 촛불도 울고 나도 우는 한적한 법당에 쇠북 소리가 울려 퍼지는 것 같았다.

이 노래의 가사와 멜로디를 잘 전달하기 위해 형님은 온몸으로 노래를 했다. 끊어질 듯 이어지는 구성진 가락에 자신이 먼저 빠져드는 것 같았다. 마치 신들린 박수무당처럼, 아니 수덕사의 여승을 사랑했던 속세의 총각처럼 이루지 못한 사연을 풀기라도 하듯이 모든 것을 다 토해냈다. 나도 노래를 부르고 있는 형님을 바라보면 노래와 몸짓에 빠져들었다.

앙코르 노래는 지금도 〈가요무대〉에 가끔 등장하는 최숙자의 〈팔도기생〉이라는 노래였다. 기생들의 삶과 애환을 담은 이별의 노랫말처럼 '녹수청산 풍류 따라 가락 찾아 떠나는 임'을 그리는 애달픈 마음이 전해지는 것 같았다. 큰형님은 전생에 달빛 실은 가야금에 풍월 짓던 선비였는지, 청사초롱 불빛 따라 시를 읊던 시인이었는지 알 수 없지만 그렇게 되고 싶었던 것 같다.

큰형님은 이 노래를 무척이나 좋아했다. 쉽게 흉내 낼 수 없는 중성의 음역에서 쏟아지는 가드러진 떨림은 모두를 노래 속으로 불러들였다. 이 노래를 듣고 있으면 나도 모르게 마음은 바람결에 흩날리는 싸락눈처럼 춤을 추었다. 정처 없이 떠도는 한량이 되었다가 때로는 명기가 되기도 했다.

큰형님은 이런저런 명분을 만들어 형제들을 자주 모았다. 모임 끝에는 언제나 노래방으로 갔다. 먼저 막내가 마이크를 들고 유창한 멘트와 함께 테이프를 끊으면 역순으로 한 곡씩 불렀다. 우물쭈물하다 순서를 놓치면 한 곡도 못 부르고 끝날 수도 있었다. 마이크가 순서대로 한 바퀴 돌면 노래방의 열기는 한층 달아올라 있었다. 큰형님은 사회자의 소개를 받고 마지막으로 등장하는 인기 가수처럼 세련된 무대 매너로 등장했다. 〈가요무대〉에 나오는 1950년대 가수처럼 점잖게 인사를 하면, 제수들이 주축인 열혈 여성 팬들의 반응과 박수 소리는 10대들을 능가했다. 소리꾼이 목을 풀듯이 첫 곡을 부르고 나면 모두가 일어나 손뼉을 치면서 애창곡을 청했다. 어디를 가든 노래방 분위기가 뜨거워지면 이 노래는 예약되어 있었다. 언제나 큰형님은 인기 가수처럼 노래했고 우리는 그 모습을 캠코더로 촬영하고 녹음도 했다.

어느 해부터 태진아의 〈사모곡〉을 불렀다. 한 여인이 겪은 질곡의 세월을 말하는 그 노래를 할 때는 유년 시절을 회상하는 듯 눈을 감고 노래를 불렀다. 언제부턴가 형님은 겨울밤 함박눈이 소리 없이 내리거나 가늘게 봄비가 흩뿌리면 가슴이 아린다고 했다. 다가올 운명을 알기라도 한 것이었는지. 그해 가을 지명을 갓 넘긴 젊은 나이에 우리 곁을 영영 떠나갔다. 떨어질 때가 되면 노랗게 물드는 은행잎처럼 떠날 줄 알고 그 노래를 불렀던 것은 아니었는지. 떨어진 은행잎이 절규하듯 온몸을 뒹구는 가을이 되면 나는 큰형님을 흉내 내며 노래를 불러 본다.

주인 잃은 궤

아버지 방에는 두 개의 작은 궤가 있었다. 까맣게 옻칠을 한 궤가 도배지를 바른 흰 궤짝 위에 놓여 있었다. 중요한 문서와 담배가 들어 있는 까만 궤짝은 언제나 자물쇠가 채워져 있었다. 가끔 문을 열고 꺼내는 담배는 비싼 고급 담배일 때도 있었지만 그렇지 않을 때가 더 많았다. 사정에 따라 담배 종류는 바뀌었지만, 똑 떨어지는 것을 본 적은 없었다.

아버지는 점잖게 담배를 피우셨다. 담배를 물고 사람을 대한다거나 다른 일을 하면서 생담배를 태우지도 않았다. 기관차처럼 담배 연기를 세게 내뿜는다거나 장난스럽게 어떤 모양을 만들지도 않았다. 다른 일을 하면서 담배를 피우거나 어금니로 필터를 질겅질겅 씹지도 않았고 다 피운 담배도 비비면서 끄지도 않아 꽁초는 언제나 깨끗했다. 피다 남은 꽁초는 다시 담배 곽에 넣었다가 작은 파이프에 꽂아 끝까지 피우셨다. 아주 짧은 것은 껍질을 까고 나무통에 모아 두었다가 저녁에 피우셨다.

아버지는 담배를 맛있게 피우셨다. 항상 허파꽈리의 깊은 부분까지 담배 연기가 들어가도록 길게 들이마셨다가 일정한 속도로 천천히 내뱉었다. 연기가 상대방의 얼굴이나 몸에 닿지 않도록 허공이나 땅을 향하도록 했다. 그 주기도 그렇게 빠르거나 느리지 않아 상대방에게 불쾌감을 주지 않도록 조심하는 것 같았다. 그렇다고 공장 굴뚝처럼 코로 내뱉지도 않았다. 담배 연기가 들어왔다 나가면서 나타나는 순간적인 현기증을 즐기는 것 같았다.

아버지는 특이한 습관이 하나 있었다. 조용히 타오르는 호롱불에 담뱃불을 붙일 때는 제주가 술잔을 향불에 돌리는 것처럼 꼭 세 번을 돌렸다. 라이터나 성냥불에는 그렇게 하지 않았다. 어둠을 밝혀주는 호롱불을 마치 신을 대하듯 했다. 담배 한 대를 피울 수 있음에도 감사하는 것 같았다. 경건함마저 들었다. 어디에서도 이런 모습을 본 적이 없는 나는 아버지께 그 이유를 물었더니 이렇게 하면 복이 들어온다고 했다. 그리고 가족 모두가 일과를

무사히 마치고 잠들 수 있음에 감사한다고 했다.

아버지의 담배는 글 노동의 대가였다. 담배를 직접 살 때도 있었지만 일한 대가로 받을 때도 많았다. 농사일을 제대로 배우지 못한 아버지는 오랫동안 동네 일을 한 적이 있다. 조그만 일만 생겨도 아버지를 찾는 동네 사람이나 문중 어른들 때문에 집안일은 언제나 남의 일처럼 생각했다. 할아버지와 형님들이 알아서 할 것이라 생각하고 부탁받은 일만 신경을 썼다. 동네는 물론이고 타지에서도 찾아와 제문을 부탁하고 갔다. 초안을 다 잡고 나면 조용히 먹을 갈아 잘 다듬어진 붓으로 하얀 백지를 상소문같이 두루마리로 만들었다. 동네 사람들은 면사무소나 군청에 할 일이 있어도 부탁을 했고 다음날 아침이면 어김없이 아버지는 출타하셨다. 일손이 부족해 송장도 벌떡 일어나 일을 한다는 농번기에도 이런 부탁을 거절하지 않았다. 그 대가는 언제나 변함없이 담배 두세 갑이 전부였다. 거의 대가도 없이 하루 종일 책상에 앉아 있는 아버지를 아무도 질책하지 않는 것이 이상했다. 아버지가 농사일이나 막일을 하는 것보다 글 노동하는 것을 할머니는 은근히 자랑스럽게 생각하는 것 같았다. 어머니도 별로 잔소리를 하지 않고 우리에게도 불평하지 못하게 했다. 농사일이 아무리 바빠도 아버지에게는 아무도 무슨 말을 하지 않았다. 아버지는 그렇게 받은 담배를 피우시며 무슨 생각을 하셨을까. 부탁한 일들이 잘 풀리고 제문 속의 주인공이 극락왕생하기를 빌었던 것일까.

내가 회사에서 설비 도입을 담당하고 있을 때였다. 주요 설비는 대부분 수입하던 시절이라 외국 손님들을 많이 만났다. 회의실에 들어오자마자 내놓는 것은 면세점 가방에 담긴 담배와 술이었다. 출근하면서 시작된 담배 연기가 퇴근할 때까지 멈출 줄 모르고 사무실을 가득 메우던 때라 담배는 최고의 선물이었다. 나는 이 담배를 모아두었다가 시골에 갈 때마다 아버지에게 갖다 드렸다. 외국 담배가 귀하던 때라 아버지는 무척 좋아하셨다. 담배가 몸에 좋지 않다는 것은 알고 있었지만, 아버지가 좋아하시는 모습이 눈에 선해 어렵게 구해 가져갈 때도 있었다. 언제나 아버지는 다른 것은 거들떠보지도 않고 담배만 챙겨 궤짝에 넣었다. 피우지 않고 아껴두었다가 친척이나 손님들이 오면 아들이 준 것이라 자랑하면서 까만 궤 문을 열고 한 갑씩 나눠 주기도 했다.

언제부턴가 나도 외국으로 나가는 일이 생겼다. 그때마다 나는 면세점에 꼭 들렀다. 술이나 화장품 가게는 건너뛰고 바로 담배 진열대로 향했다. 외국 담배를 사기 위해서였다. 면세점에는 언제나 산뜻하고 화려하게 디자인된 여러 나라 담배들이 보루 단위로 진열되어 있었다. 일본 담배는 밝고 단순한 무늬가 대부분이었고, 중국 담배는 붉고 장중한 그림이 많았다. 이미 영화나 잡지 등을 통해 잘 알려진 미국 담배와 맑고 청순한 디자인의 우리 담배도 있었다.

나는 아버지 얼굴을 떠올리며 담배를 골랐다. 아무렇게나 고르는 것이 아니라 내 나름대로 담배를 선택하는 원칙이 있었다. 가급적이면 지난번에 드렸던 담배와 다른 것을 골랐고 특이하고 고급스럽게 보이는 것을 찾았다. 포장지의 디자인도 새롭고 독특한 모양을 골랐다. 일본 담배를 살 때도 있었지만 약간 독하고 포장이 화려한 중국이나 유럽 담배를 주로 샀다. 많이 사고 싶었지만 늘 두 보루밖에 살 수가 없었다. 그 기간도 지나고 보니 그렇게 길지는 않았던 것 같다.

언제부턴가 나는 담배를 사지 않는다. 가끔 들어오는 담배도 줄 사람이 없다. 공항에 가면 습관처럼 면세점 담배 진열대 앞에 서지만 멍하니 바라볼 뿐 사지는 않는다.

지금도 고향 집 마루에는 주인 잃은 담배 궤가 우두커니 앉아 있다. 주인 잃은 담배 궤가 지나간 일들의 빈자리를 지킨다.

격세유전

늘 그 자리였다. 벗어나려 몸부림쳤지만, 할아버지 손바닥이었다. 아침에 사라졌던 무수한 별들이 밤만 되면 돌아오듯 제 자리를 벗어나지 못했다. 가끔 사업을 한답시고 멀리 떠났지만, 다시 집으로 돌아왔다. 언제나 태양을 돌고 있는 행성처럼 아버지는 정해진 궤도를 돌고 있었다.

밖으로 나가려는 원심력은 어디에나 있다. 원심력은 새로운 도전이요 개혁의 원천이다. 현실에 안주하지 않고 미지의 세계를 향해 나아가는 미래지향적 힘이 되기도 한다. 때로는 무모하리만큼 어리석을 때도 있지만 삶의 활력이 되어 세상을 앞으로 나아가게 할 때도 있다. 작게는 그 힘이 한 집안의 원동력이 되기도 한다.

한 집안의 대주는 무거운 짐을 지고 사막을 걸어가는 낙타처럼 자신의 콧물과 눈물도 받아 마시며 걸어간다. 그 길이 얼마나 험하고 고달픈지 자식들은 알 리가 없다. 가장도 틈만 나면 자기장 같은 그물망에서 벗어나려 애를 쓴다. 아무리 발버둥쳐도 쉽게 벗어날 수 없는 것이 천륜이 아닐까 싶다. 항성이 정해준 궤도를 따라 도는 행성과 같이 자전과 공전을 계속하다 제 수명을 다한다. 보이지 않는 사막의 길을 따라 걸어가는 대상들처럼 길을 따라갈 뿐이다.

한 집안에도 항성과 행성이 있다. 행성은 항성의 인력을 끊지 못하고 주위를 돌고 또 돈다. 아버지도 할아버지의 곁을 벗어나려 바깥세상으로 나갔지만, 다시 원점으로 돌아왔다. 몇 번이나 나갔지만, 쥐불놀이 깡통처럼 구심점을 맴돌았다. 장남이라 더 그랬다.

징용이 한창이던 태평양전쟁이 끝날 무렵 할아버지는 열여덟 살 아버지를 결혼부터 시켰다. 결혼하자 아버지의 원심력은 더 커졌다. 공부를 핑계로 넓은 세상으로 나갔다. 할아버지는 아버지가 중고등학교를 마치면 집으로 돌아올 것으로 믿었다. 아이가 생기면 당연히 돌아와 가문과 집안을 챙길 줄 알았지만, 아버지는 더 먼 곳의 대학을 찾아가 버렸다. 한여름 호박 넝쿨처럼 자꾸만 뻗어 나가려고 했다.

그 무렵, 전쟁이 터졌다. 바다 건너 유학은커녕 생사의 갈림길에 섰다. 서울을 어떻게 벗어날지를 걱정해야 했다. 단신으로 피난길에 올랐다. 자의든 타의든 벗어난 것 같았던 원점을 향해 다시 돌아올 수밖에 없었다. 떨어지는 포탄이 그 길을 재촉했다. 천신만고 끝에 본래 자리인 집으로 돌아왔다. 한 바퀴 도는 동안 큰아들은 다섯 살이 되었고 둘째는 세상에 나올 준비를 하고 있었다.

전쟁은 쉽게 끝나지 않았다. 잠시면 끝날 줄 알았던 전쟁은 지루하게 이어졌다. 그래도 유학의 꿈을 접지 않고 미군 통역을 하던 친구에게 영어를 배우러 다녔다. 그것도 오래가지 않았다. 전세가 불리해지자 징집이 시작되었다. 할아버지가 백방으로 노력했지만, 징집을 피할 수는 없었다. 삼 형제 중 한 명은 입대를 해야 했다. 큰삼촌이 먼저 총대를 메고 자원입대를 하면서 마무리되는 줄 알았지만 아니었다. 결국 아버지도 낙동강 전선이 아닌 후방 공비토벌대에 합류했다. 전쟁 중에도 아들이 태어나 두 아이의 아버지가 되었다.

전쟁은 끝이 났지만 아버지의 원심력은 끝나지 않았다. 다시 서울로 가려 했지만 갈 수가 없었다. 할아버지는 아들이 둘인 아버지를 놓아주지 않았다. 대학보다는 장손으로서 아버지의 안위가 더 소중했다. 다시 험지로 보낼 수가 없었던 할아버지의 명에 따라 아버지는 영어의 몸이 되었다. 답답했다. 해만 뜨면 중절모에 양복을 입고 읍내로 나갔다. 동네 이장 일은 핑계였다. 날마다 숨을 쉬러 나갔다. 누구도 그것을 말리지도 말릴 수도 없었다.

다음에는 동서와 사업을 한답시고 집을 나갔다. 중학교 교사 제의가 왔지만 거들떠보지도 않고 사업에 손을 댔다. 소나무에서 기름을 짜는 일이었다. 산골에 증류장치를 만들어 놓고 동네 청년들을 데려다 일을 시켰다. 전쟁 끝이라 판매처가 마땅치 않았다. 급여도 제대로 줄 수 없을 정도로 힘들었지만 중단하지 않았다. 왜 그랬을까. 그곳을 자신만의 해방구로 만들고 싶었던 것이었을까.

불혹을 넘기자 친구와 판유리 대리점을 울산에서 시작했다. 공업 도시로 발돋움하는 시기라 땅 짚고 헤엄치는 업종이었다. 나와 동생은 외갓집 가는 길에 아버지 사무실에 들른 적도 있었다. 판유리가 날개 돋친 듯 팔렸다. 우리 집에도 서광이 비치는 것 같았지만 아니었다. 이번에는 부도가 나고 말았다. 뒤처리는 몇 년 동안 지루하게 이어졌다.

모든 것이 여의치 않았다. 하는 일마다 중단되다 보니 한쪽 날개로 뱅뱅 돌기만 하는 잠자리처럼 되어버렸다. 시간이 흐를수록 빚이 쌓여갔다. 제법 많던 논밭도 거의 다 사라졌지만, 딸이 태어났다. 가출을 반복하는 가운데 아이들만 늘어갔다. 날개를 접고 둥지에 몸을 의탁하려 했을 때는 여섯 아이의 아버지가 되어 있었다.

역마살은 쉽게 그치지 않았다. 이번에는 다시 동네 이장이 되어 면사무소나 군청으로 출근했다. 바람이 불어도 눈비가 와도 바람 따라 나갔다가 별을 보며 술 힘으로 들어왔다. 이장은 명분이었다. 간혹 집에 머무는 날에도 약속이나 한 것처럼 누군가가 데리러 왔다. 어쩌면 기다리고 있었는지도 모른다. 먼 궤도를 한 바퀴 돌고 늘그막에 집에 돌아온 아버지는 힘없는 가장이 되어 있었다.

나는 할아버지의 가르침을 받으며 유년 시절을 보냈다. 식솔이라는 멍에를 짊어지고 외롭게 걸어가는 장손 가장을 보면서 자랐다. 할아버지는 길마 위의 짐을 버리지 못하고 묵묵하게 걸어가는 황소처럼 가족을 지켜주었다. 끝없이 그 자리를 밀어내며 겉돌았던 아버지를 보았다. 어느새 나는 할아버지처럼 되고 있다. 가벼워 보였던 짐들이 세월이 갈수록 물먹은 솜처럼 점점 무겁게 느껴진다.

모든 삶이 사슬처럼 이어져간다. 하나의 원이 끝나기도 전에 또 다른 계가 생겨난다. 언제부턴가 내 주위에도 식솔이라는 행성들이 돌고 있다.

흑싸리

화투장 흑싸리같이 열매가 까맣다. 겨울이 다 갔는데도 떠날 줄 모르고 가지 끝에 매달려 있다. 다른 나무들은 꽃이 지고 잎이 무성하게 자라는데 한겨울 모습 그대로 있다. 마치 기왓장 격파를 위해 온몸의 기를 모으고 있는 차력사처럼 움직임이 없다. 한순간에 잎과 꽃을 피우려고 용을 쓰는 건지 아니면 겨울잠에서 깨어나지 못하고 있는 건지 날마다 쳐다보지만 그대로 서 있다.

굵은 콩만 한 크기의 까만 열매 수십 개가 매달려 있다. 가늘게 뻗은 가지는 그 무게를 견디지 못하고 금방이라도 부러질 것 같다. 바람이 불지 않아도 조금씩 흔들리는 것처럼 보인다. 아무렇게나 뻗은 붉은 기가 있는 갈색 나뭇가지의 흰 얼룩무늬는 반질반질 윤이 난다. 지난겨울 세찬 강바람에도 아무 탈 없이 잘 지냈으니 걱정하지 말라는 것 같다. 까만 열매는 돌주먹처럼 단단해 속을 잘 보여주지 않는다. 뭐가 들어 있기에 이렇게 단단한 껍질을 하고 있는지. 봄이 온 지도 한참 되었건만 이렇게 떠나지 못하는 이유를 알 수가 없다. 봄꽃이 거의 다 사라진 지금까지도 까만 씨방은 무슨 미련이 많아 저렇게 작은 가지에 집착하고 있을까. 한창 자라야 할 새순마저도 눈치를 보느라 쉽게 나오지 못하고 망설이고 있다.

햇살이 두꺼워지자 까만 열매가 몸을 연다. 비가 오거나 추운 밤이면 닫았다가 따뜻한 낮이 되면 몸을 열고 속을 말린다. 꽃망울처럼 여섯 개의 받침대 위에 자리 잡은 여러 조각이 꽃잎처럼 열린다. 그렇게 뜸 들이며 보여주지 않던 속살을 들여다보니 씨는 보이지 않는다. 솔방울처럼 벌어지는 조각마다 씨앗이 들어 있었던 흔적만 남아 있다. 망사 같은 날개옷을 입은 잘 마른 씨앗은 어디로 날아갔는지 방은 텅 비어 있다.

씨앗은 언제 어디로 갔을까. 지난가을 어느 청명한 날, 작은 날개를 단 솔 씨처럼 바람이 시키는 대로 어디론가 날아갔을 것이다. 다행히 부드러운 흙에 발이 닿았으면 살 수도 있지만 마른 풀이나 나뭇잎 위에 떨어진 놈은 그대로 말라 죽었을 것이다. 흙에 떨어져도 빨리 숨지 못했으면 눈 밝은 참새들의 먹이가 되었을 텐데, 먼 길 떠나는 아이들처럼 조심해야 할 것은 잘 일러서 보냈는지, 늦가을 바람 타고 민들레 꽃씨처럼 멀리 날려 보냈지만 퇴화한 촌닭처럼 날지 못하고 바로 떨어진 것은 아닌지, 자손이 번성하기를 바라며 씨앗을 떠나보내는 나무는 언제나 어머니처럼 걱정이 많다. 번식력이 좋은 소나무도 솔 씨를 제대로 날려 보내지 못하고 솔방울이 떨어지면 수십 포기가 한곳에서 콩나물처럼 올라온다. 그러면 다 죽거나 한 포기만 살아남는다. 농부가 실수로 씨앗을 한곳에 쏟은 것이나 마찬가지다.

비가 내리자 다시 열매가 몸을 닫는다. 날씨에 따라 열고 닫는 들창처럼 저절로 열었다 닫는다. 농부가 곡식을 말리는 것처럼 온갖 정성을 다해 씨앗을 말리는 것 같다. 말리지 않은 씨앗이나 곡식은 장기간 저장이 어렵고 저절로 썩을 수도 있다. 벼를 말리는 건조기처럼 자동화 센서나 어떤 장치도 없고 사람처럼 누가 가르쳐주지도 않았지만 알아서 그렇게 잘도 한다. 아무리 생각해도 본능이라는 말밖엔 생각나는 단어가 없다.

그 열매도 그곳에서 맺히고 싶어 맺혔겠는가. 어쩌다 연이 닿아 부모자식이 되는 것처럼 업보로 다가온 인연이었겠지 싶다.

수많은 인연 중에서도 업보의 인연만큼 질긴 것은 없을 것이다. 끊어지지 않으니 이을 필요도 없는 그냥 돌고 도는 천륜이라는 생각이 든다. 열매도 씨앗은 떠났지만, 아들이 떠난 빈방을 선뜻 치우지 못하고 날마다 들여다보며 어머니와 같다.

사람도 자식이 성장하면 씨앗처럼 어디론가 보낸다. 아니 떠나보내고 떠나가야 한다. 그래야 서로가 집착하지 않고 훨훨 날아갈 수 있다. 일찌감치 자식을 멀리 보내버리는 민들레가 사람보다 영리해 보일 때도 있다. 민들레인들 서운함이 없었겠는가. 사무치는 그리움을 무소식이 희소식이라는 말로 희석시키다 이 땅을 떠났을 것이다. 지금은 하루에도 몇 번씩 음성을 듣고 그것도 모자라 영상 통화까지 한다. 날마다 거는 전화보다 수없이 얼굴을 떠올리다 한 장의 편지를 쓰던 그때가 그리움과 애잔함이 더 묻어있지 않았을까 싶다.

까만 빈껍데기들이 바람에 흔들린다. 씨앗들이 떠나간 지 언젠데 아직도 게 껍데기 같은 단단한 육신을 가지고 있는지 알 수가 없다. 집 떠난 아들이 돌아오기를 기다리며 빈방에 군불을 때는 부모 마음이다. 얼마 후면 열매의 무게를 견디지 못하고 가는 가지가 부러질 것 같다. 열매를 맺느라 너무 많은 힘을 쏟았는지 삭정이처럼 가지가 말라버렸다. 제일 높은 곳에 자리 잡은 열매는 세상 어머니들처럼 자식을 위해 모든 것을 다 주고 껍데기만 남아 있다. 깡마른 배롱나무는 씨도 없는 빈 열매를 5월이 되어도 떠나보내지 못하고 망설이고 있다.

지나온 삶이 그렇게 만들었을까. 긴긴 여름 뙤약볕을 참아가며 어렵게 얻은 열매라 빈 껍질마저도 쉽게 버리지 못하고 있는 것 같다. 삼복더위에도 캉캉춤을 추는 무희들처럼 화려한 꽃잎을 흔들어 벌 나비를 유혹했고, 속살이 훤히 보이도록 치맛자락을 흔들며 춤을 추었다. 주름진 꽃잎은 바람막이가 되어 날리는 꽃가루를 더 받으려고 수술과 암술을 몇 겹으로 감쌌다. 다른 꽃들은 며칠만 피어도 쉽게 열매를 맺는데 백일홍은 왜 백 일 동안이나 힘들게 버텼는지, 화무십일홍이라는 말도 있는데 왜 그리도 긴 시간 꽃을 피웠는지, 생각해보면 이렇게 단단한 껍질과 씨앗을 만들려고 그랬던 것 같다. 다른 꽃보다 열 배나 더 긴 시간을 힘들게 견뎌냈기에 더 열매에 집착하는 것이 아닐까 싶기도 하다. 씨앗을 위해 긴 여름을 버텨냈던 배롱나무는 지금도 거푸집 같은 빈 껍질을 날마다 열고 닫는다.

흑싸리 껍데기와 같은 배롱나무의 빈 열매를 보면 내 어머니가 생각난다.

4부

풀의 영혼

할머니는 왜 기울어져 가는 기둥을 그렇게 붙잡으려 했을까. 시집오자마자 할아버지와 함께 지은 집이라 그랬을까. 해마다 장독대에 봉숭아를 심고 담을 따라 맨드라미와 나리꽃을 피웠던 시간이 아까워서일까. 꽃들이 피어나는 그 집이 할머니에게는 작은 성이었다.

풀의 영혼

피 냄새가 진동한다. 자신의 존재를 알려주는 고유의 향기와는 확연히 다르다. 날카로운 칼날에 잘려나간 상처를 보듬고 신음하는 고통의 소리가 바람을 타고 온다. 그 진한 소리를 코로 듣는다. 심장이 멈출 새도 없이 잘려나간 순교자의 목처럼 혈관에서 뿜어져 나오는 피는 쉽게 멈추지 않는다.

더벅머리처럼 자라던 풀들이 모두 잘려나갔다. 어렵사리 땅거죽을 뚫고 올라온 가냘픈 연녹색 풀들이 다 자라기도 전에 변을 당했다. 아침이면 이슬을 매달고 밤이면 달빛을 머금은 채 한적한 산책길을 지키다가 기습공격을 당한 것이다. 밤새 치열한 전투가 치러졌던 격전지에 널브러진 시체를 연상시킨다. 누가 이렇게 무참하게 난도질을 했을까. 무슨 잘못을 했기에 이렇게 한 포기도 남겨놓지 않고 능숙한 이발사가 면도하듯이 깨끗하게 베어버렸을까.

하기야 꼭 잘못이 있어야 참변을 당하는 것은 아니다. 세상 살다 보면 웃었다고 끌려가고 바른말했다고 잡혀가는 경우가 어디 한두 번이었던가. 모진 놈 옆에 있다가 벼락 맞는다고 피를 토하듯 붉게 피어나는 영산홍 몇 포기를 돋보이게 하려고 그렇게 한 것 같다. 그래도 그렇지, 산책하고 운동하는 사람들에게 온몸을 흔들어 인사한 죄밖에 없는데 이렇게 베어버리면 안 되는 것 아닌가.

제멋대로 자랐다고 베었으면 더 그렇다. 자라는 데 보태준 것도 없고 신경 쓴 적도 없으면서 사람에게 신경 쓰인다고 풀을 베면 살아남을 풀이 어디 있겠는가. 그러면 한날한시에 태어난 손가락은 길이가 달라도 왜 그냥 두는가. 엄지는 엄지대로 약지는 약지대로 역할이 있고 서로 다르기 때문에 더 아름다운 것이 아닐까 싶다.

우리 사회도 마찬가지다. 체격이나 성격이 다른 각양각색의 사람들이 서로 다른 일을 하면서 사회를 만들고 있다. 사람 수만큼이나 다양한 구성원들이 어울려 조화를 이루는 사회가 풍성한 세상이라는 생각이 든다. 왜 일률적이고 직선적인 사고를 정답이라고 생각하는지 나는 이해가 가지 않는다. 어제 잘려나간 풀들도 저마다 소명을 받고 자신만의 아름다움을 지니고 태어난 하나의 생명체다. 땅바닥을 기면서 하얀 꽃을 피우는 토끼풀이나 바위 밑의 작은 보랏빛 제비꽃이나 어떤 척박한 땅에서도 노란 꽃을 피우는 민들레도 대자연의 한 부분이다. 겨우내 모진 추위를 이겨내고 세상 밖에 나왔다가 떨어지는 벚꽃과 함께 잘려나간 것이다.

잡초는 쉽게 죽지 않는다. 그랬다면 어떻게 지금처럼 대지를 덮을 수 있었겠는가. 굼벵이가 구르는 재주가 있다는 말이 있듯이 나름대로 살아남는 독특한 방법을 알고 있다. 민들레는 자식들을 출가시키고 집만 지키는 노인처럼 가장 먼저 손을 턴다. 한창 풀들이 자랄 때쯤이면 민들레는 씨앗을 다 날려 보내고 앙상한 대궁이만 남는다. 자손을 위해 사는 준비성 많은 사람같이 씨앗이 봄바람을 타고 편한 자리를 찾도록 어디든 보낸다.

처세술이 좋고 번식력이 강한 토끼풀은 아예 땅바닥에 납작 엎드려 칼날을 피한다. 설사 잘려도 중간중간 뿌리를 내려놓은 덕에 분가하면 아무 문제가 없다. 웬만해서 죽지 않고 토끼 주둥이 같은 잎을 오물거리며 약을 올린다. 살아남는 방법을 터득한 영리한 풀이다.

멋모르고 쑥쑥 올라온 쑥대나 억새는 일격에 다 잘려나간다. 나무줄기처럼 질기고 강하지만 예초기의 전광석화 같은 칼날에는 속수무책이다. 그런데 이놈들도 쉽게 삶을 포기하지는 않는다. 나름 살아날 방법을 다 준비해두고 있다. 모근만 살아있으면 아무리 배코를 쳐도 다시 머리카락이 자라나듯이 줄기를 잘라도 뿌리만 잘 지키면 죽지 않는다. 뿌리를 완전히 파내지 않는 한 불길이 지나가고 몸통이 잘려도 잎은 또 올라온다.

풀은 바람이 불면 잠시 누웠다 일어나고 홍수가 나면 잠시 쉬었다가 다시 호흡한다. 어떤 홍수나 지진에도 가장 빨리 털고 일어나 손을 흔든다. 설사 떠내려간다 해도 어느 강가에 자리를 잡고 새 삶을 꾸린다. 나라의 주인이 수없이 바뀌어도 살아남는 민초들처럼 흙만 있으면 뿌리를 내리고 자손을 번식시킨다.

나는 풀 냄새를 좋아한다. 다 자라지 못한 어린 풀을 벨 때 나오는 그 냄새가 더 좋다. 어린 시절부터 맡아온 냄새라 내 머릿속에 각인되어 있는 것 같다. 나는 풀 냄새를 맡을 때마다 편안함을 느낀다. 온 가족이 나를 보살펴주고 아껴주던 어린 시절로 풀 냄새가 데려가기 때문이다.

풀은 미라처럼 말라가면서도 자신의 냄새를 내보낸다. 자신의 존재를 알리기 위함이었을까. 개구리가 죽을 때 사지를 바르르 떠는 것처럼 한때 생명이 있었음을 이렇게 말하는 것 같다. 풀의 피 냄새는 꽃의 향기가 아니다. 국화꽃처럼 그윽하거나 라일락꽃처럼 황홀하지도 않고 천리향이나 만리향처럼 멀리 가지도 않는다. 그저 자신의 몸속에 흐르는 피 냄새로 고통을 알리는 것이다. 어쩌면 제발 좀 베지 말아 달라는 절규인지도 모른다. 아무리 외쳐도 누군가는 아무런 거리낌없이 베곤 한다. 동물의 죽음에는 온갖 토를 달면서도 풀의 주검에는 아무도 관심을 갖지 않는다.

잘린 풀의 진한 냄새는 자신의 상처를 보듬고 일어서기 위한 몸부림이다. 그 냄새가 상처를 치료하고 뿌리를 더욱 힘차게 한다. 풀의 피는 사람이나 동물처럼 백혈구와 적혈구가 섞여 있는 빨간색 선혈이 아니다. 고무나 송진처럼 끈적거리지도 않고 고로쇠 물처럼 맑고 달콤하지도 않은 푸른 진액을 향수처럼 조금씩 뿜어낸다. 침입자들로부터 자신의 아픔을 알리는 것이다. 이유도 없이 잘려나간 풀 띠가 강물을 따라 흐른다.

못다 전한 편지

글은 가슴 속 기억을 불러낸다. 글은 말보다 느리지만 울림의 폭이 크고 여운이 길다. 오래 묵힌 사연일수록 묵은지같이 깊은 맛이 난다. 질곡의 세월을 이겨낸 삶의 이야기가 때로는 감동을 주기도 한다.

내가 처음 쓴 글은 편지였다. 편지는 글솜씨나 글씨를 자랑하기 위한 것이 아니라 글로써 마음을 전하는 것이다. 어떤 말보다도 진심이 더 크게 와 닿는 것도 그 때문이다. 가끔 마음을 전하는 글 한 줄이 일상적인 말보다 오래도록 향기를 뿜어낸다. 전하고 싶은 사연을 가슴에 품고 삭히며 지우고 쓰기 때문이다.

나는 초등학교 3학년 여름방학 때 처음 편지를 썼다. 담임선생님께서 한 번 이상 편지를 보내라 했기 때문이다. 숙제하는 마음으로 방바닥에 엎드려 공책을 폈다. 안부편지라 금방 쓸 수 있을 것 같았지만 첫줄을 쓰고 나니 별 할말이 없었다. 다음 줄이 채워지지 않았다. 인사말만 썼다 지우기를 몇 번이고 반복하다 공책을 덮고 말았다. 개학날이 다가올수록 은근히 걱정되었다. 아버지나 형님에게 물어보고 쓸까 아니면 써달라고 할까 하다 참았다.

얼마 전 큰형님이 보내온 편지가 생각났다. 그 편지를 몇 번이고 읽었다. 그러고 나서야 편지지 한 장을 다 채울 수가 있었다. 다음 날 아침 밥풀로 붙인 편지를 들고 우체국으로 갔다. 가끔 지나가는 자동차가 일으키는 뽀얀 먼지를 뒤집어쓰면서 자갈길을 걸어갔다. 일제강점기 때 만들어진 신작로 양쪽에는 바람 나무라 불리는 늙은 미루나무가 그늘을 만들다 말다를 반복하고 있었다. 우체국이 가까워지자 점점 뜨거워지는 햇볕에 까맣게 그을린 목덜미가 따끔거렸다.

형님이 입대하면서 편지 쓰는 횟수가 늘어났다. 집안일을 걱정하는 형님의 안부편지와 별일 없다는 답장은 높은 병영의 담장을 탁구공처럼 넘나들었다. 형님이 보낸 편지는 보안 검열을 거치는 군사우편이라 언제나 안부를 묻는 말뿐이었다. 어디서 무슨 일을 하는지 어떤 훈련을 받는지 알 수가 없었다. 틈만 나면 무장공비가 넘어오던 시기라 내용도 마음대로 쓸 수 없는 때였다. 휴가 나오는 선임을 통해 몰래 보낸 편지를 보고서야 겨우 면회를 갈 수 있었다.

그런 보안 검열은 내가 입대했을 때까지도 이어졌다. 훈련소에서 보내는 편지는 조교가 불러 주는 대로 받아 적은 안부편지였다. 자대에 와서도 마찬가지였다. 부대 위치나 훈련에 관한 내용은 쓸 수가 없었다. 불침번을 서면서 겨우 쓴 편지도 부모형제를 안심시키는 내용이 대부분이었다. 책과 다이어리 등을 챙겨주는 친구들에게도 가끔은 숨소리만 전했다. 답장이 오면 탄약고 뒤나 화장실같이 조용한 곳에 가서 혼자 읽었다. 어떤 편지든 두세 번은 꼭 읽었다. 짧은 글이지만 읽다 보면 혼자서 웃기도 하고 울컥하기도 했다.

아들이 입대했을 때도 편지를 썼다. 자신을 시험하고 싶다며 해병대에 간 아들이 잘 참고 견뎌내기를 바라는 내용이었다. 입대 전에 많은 이야기를 주고받았지만, 편지로 아버지의 속마음을 전하고 싶었다. 군에서 받는 편지가 군인들에겐 어떤 것인지 잘 아는 터라 자주 썼다. 매주 월요일마다 편지를 썼다. 미리 우표를 사다 놓고 봉투도 적어두었다. 수요일이면 어김없이 답장이 왔다. 이렇게 시작된 편지는 전역할 때까지 이어졌고 어학연수를 가 있는 동안에도 계속되었다. 이때 주고받은 많은 편지를 책으로 만들어 아들에게 주었다.

나는 큰형님이 암 투병을 하는 중에도 편지를 썼다. 주말마다 문병을 갔지만, 막상 얼굴을 대하면 준비해간 말을 할 수가 없어 그랬다. 마음에도 없는 엉뚱한 말만 잔뜩 늘어놓고 오다 보면 늘 후회가 되었다. 병이 점점 깊어갈 때였다. 누에고치에서 명주실을 뽑듯이 하얀 편지지에다 하고 싶은 말을 끝없이 늘어놓았다. 지금까지 형님이 해준 수많은 이야기를 되살려 끝까지 편지지 칸을 채워나갔다. 편지지가 한 장 한 장 채워질 때마다 형님의 모습은 점점 더 작아지고 멀어져 가는 것 같았다. 그렇게 두서없이 써 내려간 편지를 몇 번이고 병실에 두고 왔다. 훗날 형수님이 말했다. 큰형님은 그 편지를 몇 번이고 읽고 또 읽었다고.

처음 찾아온 가족 간 사별의 상처가 채 아물기도 전에 또 다른 지진이 찾아왔다. 작은형님의 뇌종양 판정이었다. 치료가 가능하다는 말에 수술과 방사선 치료를 여러 번 반복했다. 한때는 경과가 좋아 퇴원하자마자 온천천을 매일 걷기도 하고, 회갑 때는 형제들과 풍경 좋은 음식점에서 즐거운 시간을 보내기도 했다. 그러나 그곳, 그때까지였다. 더 이상 즐거운 시간을 보낸 적은 없었다. 다시 병상으로 돌아갔다.

소용없는 줄 알면서도 어머니는 죄인처럼 천지신명께 빌고 또 빌었다. 향불마저도 조심스럽게 타는 제사상 앞에서도 빌고, 말없는 산소마다 찾아가 절규하듯 애원하면서도 빌었다. 모두가 허사였다.

나는 어렵사리 또 편지지를 꺼냈다. 그림자처럼 따라다니며 함께했던 많은 시간이 주마등처럼 스쳐 갔다. 말을 할 수 없는 형님에게 속마음을 전하고 싶었다. 막상 편지를 쓰려고 앉으면 지금 해봐야 무슨 소용이 있겠나 싶은 생각이 들어 쓸 수가 없었다. 그렇게 몇 번을 반복하는 동안 병세는 점점 더 악화되어 갔다. 어느 날 무거운 마음으로 빈칸을 채워 나갔다. 떠나기 전에 하고 싶은 말이 많았다. 거미줄처럼 가늘고 길게 이어졌다. 사연이 한 줄씩 채워질 때마다 나의 무력함은 더해 갔다. 마음은 무거워지고 가슴이 답답했다.

다음날 나는 편지를 가슴에 품고 형님에게 갔다. 병실 문을 열자 여느 때와는 분위기가 사뭇 달랐다. 모두가 숨을 죽인 채 환자의 얼굴만 내려다보고 있었다. 형님의 숨소리가 여느 때와는 다르게 몹시 거칠었다. 가쁜 숨을 몰아쉬고 있었다. 입술도 조금씩 움직였다. 몸이 몇 번 요동치고 나서야 세상 시름을 다 마실 것 같던 숨소리는 잠잠해졌다. 한바탕 태풍이 지나간 것 같았다. 형님을 부르는 애절한 형수님의 목소리가 들렸다.

편지는 가슴을 설레게도 하지만 때로는 한없이 무겁게 할 때도 있다. 날이 갈수록 가슴에 안길 수 있는 편지 한 장 쓰기가 어려워진다. 지금은 짧은 문자와 메일만이 허공에 가득하다. 그만큼 생활이 바쁜 것일까. 아니면 힘든 것일까. 삶이 가벼워진 것일까. 세상이 팍팍해질수록 나무토막 같은 글들만 난무한다. 갈수록 묵은지 같은 편지 한 장이 기다려진다.

성주城主

침묵이 흘렀다. 작은 숨소리도 들리지 않았다. 가끔 아삭거리던 김치 씹는 소리마저도 그 순간은 숨을 죽였다. 열 식구가 밥을 먹고 있었지만 누구 하나 입을 열거나 수저가 그릇에 부딪치는 소리도 내지 않았다. 할아버지와 겸상을 하고 있던 할머니는 그냥 수저만 들고 있었다. 그날 아침은 마치 최후의 만찬 같았다.

할아버지가 가장인 우리 집은 기름지고 넓은 들을 끼고 있는 배산임수의 아담한 마을에서 대대로 살았다. 집성촌을 이룰 정도의 오랜 세월이었다. 한동안 잠잠하던 집안에 파도가 일기 시작했다. 태풍 같은 집안사였다. 사나운 파도의 위력은 대단했다. 할아버지는 사력을 다해 맞섰지만, 쓰나미처럼 밀려오는 거대한 파도를 더 감당할 수가 없었다. 겨우 한 고비를 넘어서면 다른 파도가 밀려오고 그것을 넘기도 전에 또 다른 파도가 밀려왔다. 6·25 전쟁이 끝난 지 얼마 되지 않은 무렵이라 보릿고개가 해마다 찾아오던 때였다. 가난한 마을에는 아직도 전쟁의 상흔이 곳곳에 남아 있었다. 할아버지는 거센 풍랑을 누구보다 세차게 막았지만, 몸도 마음도 지쳐있었다. 추진력을 잃은 배가 삼각파도를 만나자 배를 포기하려 했다.

집안의 장남이었던 할아버지는 제대로 된 가산을 물려받지도 않았다. 어렵게 마련한 땅마지기도 척박했다. 가족이 늘어나면서 등짐만 커져갔다. 부지런함 때문에 문중의 선두에 서기도 했지만, 그 기간은 그렇게 길지가 않았다. 언제부턴가 배는 앞으로 나아가지 못했다. 한동안 제자리에서 뱅뱅 돌다가 급기야 서서히 침몰하고 있었다.

할아버지는 고향을 떠야 한다고 했다. 논과 밭은 물론이고 살고 있는 집을 정리하고 산골로 들어가면 끼니 걱정은 안 해도 된다고 했다. 우물쭈물하다가는 어린 손자들이 굶을 수도 있다고 했다. 밥 때만 되면 사지가 멀쩡한 거지는 물론 깡통도 없이 맨몸으로 찾아오는 거지도 있었다. 여자도 남자도 아이도 어른도 다 있었다. 때로는 젖먹이를 안고 온 가족이 다 올 때도 있었다. 이들도 처음부터 거지가 아니었다. 식구들은 외로운 가장의 마지막 고별사를 듣고 있었다. 해마다 줄어드는 살림을 더 이상 방치할 수 없어 내린 결단으로 방 안 분위기는 순식간에 얼어버렸다.

이사하려는 동네는 배미각단이었다. 나는 그곳이 어떤 곳인지 몰랐다. 처음 듣는 이름이지만 어감이 좋지 않았다. 뱀이 많은 산기슭에 겨우 몇 집이 띄엄띄엄 흩어져 있는 그곳의 땅값은 이곳의 반도 안 된다고 했다. 요즘 말로 하면 벽지였다. 하지만 우리가 사는 큰 터는 동네의 요지였다. 오랫동안 생각하고 고민을 하셨는지 목소리에는 비장함마저 깃들어 있었다.

나는 덜컥 겁이 났다. 초등학교 들어간 지 얼마 되지도 않았는데 뱀이 우글거린다는 동네로 간다는 말에 깜짝 놀랐다. 먼저 어머니의 표정을 살폈다. 아무 표정 없이 듣고만 있었다. 형님들도 누나도 그냥 밥 먹는 시늉만 하고 있었다. 친구들도 없는 그곳으로 간다고 생각하니 모래를 씹는 기분이었다. 항변하고 싶었지만 그럴 분위기가 아니었다. 그때만 해도 할아버지의 말은 법이었다.

이사를 한다는 말을 듣자 강원도에서 온 친구가 생각났다. 덩치는 컸지만 동네 아이들과 잘 어울리지도 못하고 늘 기가 죽어 있었다. 산골에서 약초를 많이 캤다는 그 친구는 아이들의 놀림에 늘 시달렸다. 처음에는 달려들어 싸우더니 점차 그 분위기를 피해 혼자 보내는 시간이 많아졌다. 강에서 자갈을 채취하는 아버지를 따라 여기까지 온 것이었다. 어느 해인가 큰 홍수가 났다. 늦여름이라 강바닥에 움막을 짓고 살던 많은 사람이 미처 홍수를 피하지 못하고 강물에 떠내려갔다. 대부분 시신도 찾지 못했다. 홍수에 아버지를 잃은 그 친구는 동네 사람들의 무관심 속에 어디론가 떠나갔다.

"나는 안 간다." 그때 낮은 목소리가 들렸다. 떨리는 목소리에는 촉촉함이 묻어 있었다. 밥을 한술도 뜨지 않고 할아버지의 말을 듣고 있던 할머니였다. 나는 죽어도 이 집을 떠날 수가 없다며 반발하는 할머니의 목소리는 단호했다. 할아버지를 향한 할머니의 눈길은 설움과 서운함으로 눈물이 가득 고여 있었다. 어쩌면 반발이 아니라 애원하는 듯했다. 나는 천군만마를 얻은 것 같았다. 제발 할아버지가 번복해주기를 마음속으로 기도했다.

나는 할머니의 그런 모습을 한번도 본 적이 없었다. 어조도 처음이었다. 여자의 삼종지도를 숙명처럼 여기고 살아온 할머니가 할아버지의 카리스마에 눌려 큰 소리 한번 내지 않았지만, 그날은 달랐다. 결정적일 때 한 방 날리신 것이었다. 갑작스런 반격에 할아버지도 주춤했다. 가족의 숨소리도 세상의 시간도 멎는 듯했다. 쿵쾅거리는 심장 소리만 귓전을 울렸다. 파란 핏줄이 드러나 보이는 할머니의 앙상한 손가락 마디는 신이 내린 듯 떨리고 있었다. 모두가 할아버지의 반응을 살폈다. 불같이 화를 낼 줄 알았지만 아니었다. 그냥 조용히 수저질만 계속하셨다.

어쩌면 할머니의 의견이 반영될 수도 있겠다는 생각이 들었다. 하루이틀 시간이 흘렀다. 이사한다는 말은 다시 나오지 않았다. 누구도 그 말을 입에 담지도 않았다.

할머니는 왜 기울어져 가는 기둥을 그렇게 붙잡으려 했을까. 시집오자마자 할아버지와 함께 지은 집이라 그랬을까. 해마다 장독대에 봉숭아를 심고 담을 따라 맨드라미와 나리꽃을 세웠던 시간이 아까워서일까. 꽃들이 피어나는 그 집이 할머니에게는 작은 성이었다. 주로 집안일만 하시던 할머니는 그날 이후로 바깥출입을 거의 삼갔다. 하루에도 몇 번씩 방과 마루를 쓸고 닦았다.

학교에 갔다 오면 집은 절간처럼 조용했다. 농촌이라 낮에는 대부분 집이 비어 있었지만, 우리 집은 아니었다. 할머니는 혼자서 큰 채에 그냥 앉아 계셨다. 곱게 빗어 넘긴 하얀 쪽머리에는 언제나 은비녀가 단정하게 꽂혀 있었고, 한쪽 무릎을 세우고 앉은 손에는 염주가 들려 있었다. 가끔은 눈을 감고 조는 듯 그냥 앉아 있었다. 눈을 감고 무슨 생각을 하고 있었을까. 먼저 간 자식들을 생각했을까. 아니면 지난날을 떠올리며 업경을 들여다보고 있었을까. 식음을 전폐하면서까지 지킨 그 집의 성주가 된 할머니는 어느 날 조용히 눈을 감으셨다.

지금은 할머니도 그 집도 없다. 기와집 대신 아담한 조립식 건물이 대문을 바라보고 앉아 있다. 철 따라 함박과 국화꽃이 피어나는 마당에 들어서면 할머니의 모습이 보인다.

망석忘石의 꿈

석굴암은 빼어난 불상이 안치된 곳이다. 누구나 이곳에 가면 본존불의 아름다움에 감탄한다. 균형 잡힌 형체의 매끄러운 살결과 인자한 표정에 쉽게 발길을 돌리지 못한다. 무엇이든 말만 하면 다 들어줄 것같이 지그시 눈을 감고 내려다본다. 하지만 나는 본존불보다 석굴암 입구에 방치된 석물 앞에서 서성인다.

전각 돌계단 밑으로 눈길이 내려간다. 얼핏 보면 알아보기 힘든 석등 받침대가 납작 엎드려 있고 깨지고 부서진 석물들이 뜰 한쪽에 누워있다. 자신의 역할을 다하지 못하는 석등 받침대나

설 자리를 잃어버린 석물 부재들이다. 이 석물들이 석굴암의 본당과 석등의 본래 모습을 말해 주고 있다.

석등은 받침대와 화사석 그리고 옥개석으로 이루어진다. 지금 납작 엎드려 있는 연꽃무늬 둥근 돌은 석등 받침대 중에서도 가장 아랫부분인 하대석이다. 꽃부리가 아래로 향한 연꽃잎이 그렇게 말한다. 언제인지 알 수 없지만, 땅에 박혀있는 이 돌만 남겨두고 화사석과 옥개석은 떠나갔다. 바람과 눈비를 막아주던 화려한 돌들은 석등의 불꽃과 함께 어디로 갔을까. 가까이에서 전등傳燈의 소리를 들었던 돌들은 어디서 무엇이 되었을까. 지금은 버짐 같은 마른 돌이끼만 벗이 되어 외로움을 달래 준다. 사연을 모르는 사람들은 무심코 밟고 지나가고 어떤 사람들은 그곳에 올라서서 사진을 찍기도 한다. 다 떠나가고 없는 석등의 하대석은 집 나간 아들을 기다리는 어머니처럼 긴 세월 고독과 싸우면서도 자리를 떠나지 못하고 있다. 자리마저 잃을까 봐 아예 땅속 깊이 발을 묻고 자신의 모습마저 숨기고 있다.

화강암으로 만들어진 석등 받침대 위에는 어떤 화사석이 놓였을까. 어떤 돌이 본존불의 소리를 중생들에게 전했을까. 남아 있는 하대석을 자세히 보면 불국사의 석등과 가장 유사함을 알 수 있다. 불국사의 석등은 화려한 쌍사자 석등도 아니고 복잡하지도 않다. 석가탑같이 단순하고 깔끔한 형태의 석등이다. 석굴암 석등도 그렇지 않았을까 싶다. 탁 트인 동해에서 불어오는 바람에 일렁이던 불꽃은 사라졌지만, 이 받침대가 석등의 크기와 형태를 짐작하게 해준다.

뜰 한쪽에 석물 부재들이 어지럽게 흩어져 있다. 자신의 이름은 물론이고 자리마저 잃어버린 잊힌 돌들이다. 언제부터 이렇게 버려진 돌인지 정확히 알 수는 없지만, 확실한 것은 오래전에 버림받고 눈길이 닿지 않는 이곳에 줄 맞춰 누워 있다는 것이다. 여기에 누워 있는 돌들은 같은 모양이 하나도 없다. 물받이처럼 홈이 파진 것도 있고 버선코같이 잘 다듬어진 돌도 있다. 팔뚝돌인지 주먹돌인지 널브러져 있는 돌들의 모양도 다양하다. 지금도 본존불 곁을 지키는 돌같이 이들도 우윳빛보다 맑고 고운 토함산 화강암이었을 것이다. 어쩌다 부러지고 깨지는 바람에 이렇게 수용소 같은 한쪽 구석에서 풍찬노숙을 하는 것이다. 흰 눈과 낙엽이 이불처럼 쌓여도 비바람이 세차게 불어도 오가는 사람들의 눈치만 보고 있다. 이 돌들은 구석진 곳에서 죽은 듯이 조용히 쉬고 있다.

몸이 성한 옛 동지들은 지금도 콘크리트에 몸을 기대고 유리 속 본존불을 지키고 있다. 그렇게 돌로 만든 석굴도 알 수 없는 시기에 무너졌다가 복원되면서 원래의 모습과 기능을 많이 잃었다. 부러진 돌은 새것으로 교체되고 어떤 부분은 시멘트로 발라졌다. 일제강점기 때 완전히 해체되어 퍼즐 맞추듯이 조합하고 남은 것을 버린 것이다. 기계를 분해하고 조립하다 보면 딱 맞을 때보다 부품이 모자랄 때가 많은데 어떻게 맞췄는지 이렇게 많이 남은 것이다. 등골뼈가 목뼈가 되고 발가락뼈가 손가락뼈가 되었는지도 알 수가 없다. 정확한 고증도 없이 외형만 비슷하게 봉합한 것 같다는 생각이 든다. 축조 내역도 의미도 잘 모르는 사람들이 마음대로 짜 맞춘 것이다. 그리고 제 위치를 잃어버린 돌들은 버렸다.

이 버려진 석물들도 신라의 수많은 석공이 날밤을 새워가며 정성껏 쪼았던 것이다. 석공은 차별하지 않고 불심으로 다듬었다. 돌을 다듬는 정의 날이 무디어질 때까지 석공은 돌에 생명을 불어넣었다. 돌을 쪼고 깨면서 서라벌이 부처님의 나라가 되기를 꿈꾸었을 것이다. 그렇게 다듬어진 돌들은 판석이 되고 면석이 되어 서로 어깨동무를 하고 부처님을 보필했다. 비바람을 막아주는 법당이 되었고 불을 밝혀주는 석등이었으며 부처님의 전신이었던 탑이 되었다.

젊은 시절 부처님 곁을 지키면서 제 몫을 다했건만 다시 돌덩이가 되었다. 지진에 허물어졌을 때도 이렇게 버려지지는 않았다. 신라인들은 흔적도 없이 복원했다. 다시 일어나 먼지를 털고 제자리로 돌아갔다. 그러나 지금은 이산가족이 되어 친척도 친구도 찾을 수 없는 처지가 됐다.

세상에는 이 돌처럼 어둡고 낮은 곳에서 소외된 삶을 살아가는 사람도 있다. 이들도 한때는 누구 못지않게 조직이나 가족을 위해 열심히 일했지만, 사정이 어려워지고 초라한 모습이 되자 모두 떠나간 것이다. 처음에는 서운하고 분한 마음도 생기지만 이내 자신의 처지에 길들여진다. 세상 어떤 것도 제자리에서 제 역할을 할 때 가장 아름답고 값진 모습이 된다. 제 역할을 다하지 못하고 대열에서 탈락되면 모두의 기억 속에서 사라지고 화려했던 지난날은 자신의 기억 속에만 남게 된다.

여기 누워있는 돌들도 한때는 이웃이었고 형제였다. 이제는 아니다. 제 역할을 할 수 없어 그림자처럼 가만히 누워있다. 지금은 잊혀 가고 있지만 그나마 조금 남아 있는 형태가 훗날을 기대하게 한다.

지대석은 부처님의 등불을 훤히 밝힐 날을 기다린다. 대웅전을 밝혀 주고 부처님의 말씀을 전하는 석등의 하대석이 되기를 꿈꾼다. 홈 파인 돌이 육중한 돌문이 되면 아치형 돌은 동해의 밝은 빛을 가장 먼저 부처님께 전할 것이다.

이들은 다시 제자리로 돌아갈 날을 기다린다. 깨지고 부러진 망석忘石들은 큰 수술이 있는 날 다시 간택되기를 기대하면서 줄지어 누워있다. 시간이 갈수록 집 나간 자식들은 어머니 품으로 돌아갈 날을 간절하게 기다린다. 언제일지도 모르면서 마냥 그때를 기다리고 있다.

화랑 담배 100갑

참 희한한 물건이다. 한번 맛들이면 끊기가 여간 힘들지 않다. 흔히들 인이 박여서 그렇다고 한다. 아무리 구박을 하고 달래도 만병의 근원이 되는 흡연은 좀처럼 줄어들지 않는다. 때와 장소를 가리지 않고 습관처럼 담배를 입에 무는 사람들은 어디에서나 볼 수가 있다. 백해무익하다는 것을 알면서도 담배를 끊지 못한다.

담배를 피우는 이유도 많지만, 모습도 다양하다. 해 질 무렵 논두렁에서 모락모락 피어오르는 담배 연기는 농부의 희망이요 염원이다. 고된 하루 일을 마치고 먼 산을 바라보며 뿜어내는 공사장 노동자의 하얀 연기는 자신을 추스르는 한숨이다. 휴식시간마다 동시에 뱉어내는 활화산 같은 훈련병의 담배 연기 속에는 불안감이 숨어 있고, 사춘기 아이들의 반항적인 흡연은 불을 향해 날아드는 불나방처럼 안쓰럽다. 아파트의 비좁은 공간에서 새어 나오는 반딧불족의 담배 연기는 차라리 애처로움을 느끼게 한다. 이러한 담배 연기 속에는 종종 떠오르는 얼굴이 있다.

담배 연기를 보면 애연가였던 할아버지 생각이 난다. 술을 한 방울도 못하시는 할아버지는 평생 담배를 소중하게 여기셨다. 봄이 되면 눈에 잘 보이지도 않는 작은 담배씨를 볍씨보다 먼저 챙기고, 파종 시기가 다가오면 신줏단지 같은 담배씨 봉투를 몇 번이고 확인했다. 지금처럼 모종을 키우는 포트가 없던 시절이라 배수가 잘되는 마사 같은 흙에다 씨앗을 심고 아침마다 담배밭으로 갔다. 담뱃잎이 말 귀만큼 넓어지면 담배벌레를 잡아주고 가을이 되면 담배 냄새를 맡으며 잎을 땄다. 정갈하게 손질된 담뱃잎을 무채 썰듯 가늘게 썰고, 그늘에서 잘 말려 두꺼운 종이봉투에 나누어 담아 벽장에 넣으면 할아버지의 한 해 농사는 마무리되었다.

할아버지는 장죽보다 곰방대를 좋아하셨다. 긴 장죽보다는 불붙이기 쉽고 연기 빼는 힘도 적게 드는 곰방대를 지니고 다녔다.

장날이 되면 언제나 담뱃대를 청소하고 닦았다. 설대에 찬 니코틴은 짚의 새꽤기를 물부리 구멍으로 밀어 넣어 긁어내고, 담배통에 단단하게 굳어 있는 니코틴은 칼로 파냈다. 내부청소가 끝나면 깨끗한 천으로 담뱃대 전체를 윤이 나도록 닦으셨다. 마치 전쟁 중에 총기를 손질하는 병사처럼 진지했다. 그 일은 누구에게도 시키지 않았다.

큰방은 담배 연기로 가득 차 있을 때가 많았다. 기침을 많이 하는 할머니의 갖은 잔소리에도 굴하지 않고 꿋꿋하게 피우셨다. 할머니가 천식처럼 기침을 달고 사는 것도 할아버지 담배 때문이라는 생각이 들었지만 아무도 말할 수가 없었다. 다른 말은 다 들어줘도 담배에 대한 이야기만 나오면 절대적이었다. 할아버지가 담배를 피우시면 우리는 잽싸게 다른 방으로 피했다. 보통 담배 연기와는 색깔부터 달랐고 마치 생담배가 타는 것처럼 지독했다. 천장에 붙어 있던 파리들도 담배 연기를 참지 못하고 바닥으로 내려와 방문이 열리기만을 기다리고 있었다.

어느 날 할아버지는 연기도 나지 않는 담뱃대를 물고 작은 유리를 통해 하염없이 밖을 내다보고 계셨다. 담배 연기가 사라진 줄도 모르고 물부리를 그냥 물고 있었다. 아무도 오지 않는 대문을 향해 왜 그렇게 바라보았을까. 조선 시대에 태어나 일제강점기에 젊은 시절을 다 보내고 자식들을 통해 전쟁의 아픔도 체험했다. 나라의 역사만큼이나 질곡의 삶을 살아오면서 끈질기게 다가오는 아픔을 할아버지는 술 대신 담배로 이겨낸 것은 아닌가 싶다. 유난히 지독했던 담배 연기는 할아버지 가슴속을 까맣게 태운 연기가 아니었을까. 할아버지는 함부로 울 수도 슬퍼할 수도 없는 한 집안의 대주였으니까.

내가 군대 생활을 할 때였다. 훈련을 받다 휴식 시간에 뿜어내는 동기들의 담배 연기를 보니 할아버지 생각이 났다. 필터 없는 화랑 담배지만 집에서 재배한 것보다는 순할 것 같아 연로하신 할아버지께 갖다 드리기로 마음먹었다. 이틀에 한 갑씩 지급되는 담배를 관물대 안 깊숙한 곳에 차곡차곡 모았다. 담배를 피우지 않는 동기들 것도 받아서 모았다. 하루에도 몇 번씩 관물 뒤쪽에 손을 넣어 담뱃갑을 만져 보았다. 벽돌처럼 점점 높이 쌓여가는 담뱃갑을 보면서 할아버지 얼굴을 떠올렸다.

열 달 만에 나가는 첫 휴가 날이었다. 정문으로 담배를 들고 나갈 수가 없어 이른 아침 초소에다 담배를 숨겨 두었다. 휴가 신고를 마치고 정문을 통과하자마자 초소에 숨겨둔 담배를 들고 성북행 기차를 탔다. 하루 내내 기차와 지하철 그리고 버스를 갈아타면서도 지루한 줄을 몰랐다. 집에 도착하자마자 화랑 담배 100갑을 할아버지 앞에 내놓았다. 필터도 없고 포장도 형편없었지만, 할아버지의 얼굴은 놀라는 기색이 역력했다. 포장을 뜯고 피워보시더니 좀 싱겁지만 좋다고 하시면서 환하게 웃으셨다. 이어서 한 개비를 더 피우셨다.

몇 달 후 외박을 나왔더니 할아버지는 노환으로 누워계셨다. 평생 병원을 모를 정도로 건강했던 할아버지는 눈을 감고 계셨다. 독한 담배 연기에도 기침 한번 안 하시던 할아버지의 강인한 모습은 어디에서도 찾아볼 수가 없었다. 내가 큰 소리로 할아버지를 부르자 실눈을 뜨고 입술만 약간 움직였다. 나는 한참 동안 할아버지의 손을 잡고 말없이 눈을 바라보았다. 거칠게 몰아쉬던 할아버지의 숨소리는 점차 잦아들고 있었다. 손자를 마지막으로 보고 가려고 이렇게 버티신 것 같았다. 산수傘壽를 앞두고 진달래꽃이 만발하던 오월, 어느 날 뻐꾸기 소리를 따라 먼 곳으로 가셨다. 할아버지 머리맡에는 화랑 담배 몇 갑이 남아 있었다.

내게 각인된 담배 냄새와 연기 속에는 늘 할아버지가 계셨다. 그 담배 연기와 냄새가 점차 그리워진다. 가끔 나타났다가 사라지는 그것들이 되돌릴 수 없는 유년 시절로 나를 데려다 주기 때문이다.

막내 입대 날

피할 수 없으면 즐겨라. 어려운 일이 내 의지와 다르게 다가올 때 쓰는 말이다. 말처럼 그렇게 쉽게 잘되지 않을 때도 있다. 그날이 다가오면 왠지 약간의 두려움과 걱정이 밀려와 무슨 일을 해도 집중이 되지 않는다. 남자들의 진정한 성인식과도 같은 이 날은 세월이 흘러도 퇴색되지 않는다.

막내아들이 논산 훈련소에 입영하는 날이다. 개인적인 입소라 승용차를 타고 일찍 출발한다. 혹시나 늦을까 봐 몇 번이고 시간을 확인하고 여유 있게 집을 나선다. 복잡한 시내를 벗어나 고속도로에 오를 때까지 차 안은 잔잔한 침묵이 흐른다. 한 번도 경험하지 못한 곳으로 가는 길이라 아들은 생각이 많은 것 같다. 알고 보면 그곳도 사람 사는 세상이라 다 견딜 수 있을 만큼 훈련을 시키지만, 먼저 갔다 온 사람들이 무용담처럼 괜히 침소봉대시키는 바람에 약간은 두려움을 갖고 있는 듯하다. 막상 가보면 아무것도 아닌데 왜 그렇게 걱정을 하는지 이해가 가지 않는다.

군에 대한 감정이 좋지 않은 것은 일제강점기의 영향이 큰 것 같다. 일제강점기 때 자행된 강제 징용과 6·25전쟁으로 수많은 아들이 나라를 지킨다는 미명 아래 죽어간 기억 때문일 것이다. 어쩌면 그 이전부터 이런 현상이 있었는지도 모른다. 양반의 자제들은 요리조리 다 빠지고 힘없는 백성들의 아들만 사지로 몰아넣던 시대의 두려움이 이어지는 것은 아니었을까. 선진국처럼 군인이 된다는 것을 자랑스럽게 생각하지는 않더라도 병영 생활을 두려워한다면 진정한 군인이 될 수 없다.

훈련이 죽을 만큼 힘든 것은 아니다. 구타만 없으면 한번 해볼 만하다고 생각한다. 용천같이 힘이 솟아나는 장정이 그 정도도 못하면 무슨 일을 할 수 있겠는가. 어쩌면 운동선수의 체력단련 시간보다도 힘들지 않다. 일정표에 따라 하루하루 소화해 나가면 아무런 문제가 없다. 개인의 자유가 제한되고 먹는 것이 한정적으로 지급되다 보니 불편한 것은 사실이다. 다 같은 조건에서 뛰고 뒹굴다 보면 저절로 체력도 정신도 강해져 자신감도 생긴다. 훈련이라는 말이 심리적으로 힘들게 할 뿐이다.

너무 일찍 도착할 것 같았다. 함양에서 장수로 넘어가는 고속도로 덕분에 생각보다 빨리 온 것이다. 지리산을 굽이굽이 돌지 않고 계곡을 건너뛰고 터널을 통과하다 보니 시간은 단축되었지만 좋은 경치는 볼 수가 없었다. 말의 귀를 닮았다는 마이산을 바라보며 고속도로 휴게소에서 잠시 쉬었다. 혹시 불안해하지나 않을까 싶어 눈치를 살펴보니 아무렇지도 않은 척하고 있다. 어찌 마음이 가볍기만 하겠는가. 속을 잘 드러내지 않는 아들은 무표정으로 일관한다.

두 시간 정도 여유가 있어 익산 IC에서 내렸다. 미륵사지에서 석탑을 보면서 시간을 좀 보낼까 싶어 갔더니 보수 중이라 볼 수가 없었다. 절터에서 발굴한 백제의 유물을 모아둔 박물관으로 갔다. 화려한 금동향로를 보면서 한국적인 미가 돋보인다고 했지만, 아들은 건성으로 듣는 것 같았다. 지금 무슨 말이 귀에 들어가겠는가 싶어 바로 접었다. 아무도 없는 박물관에서 조용히 구경만 했다.

대충 둘러보고 밖에 나오니 천지가 노랗게 변해 있었다. 노란 원복을 입은 유치원생들이 선생님 주위에 둘러앉아 점심을 먹고 있는 모습이 어미닭 주위의 노란 병아리 같았다. 막내아들도 이처럼 유치원에서 현장체험을 다니던 때가 엊그제 같은데 벌써 입대할 때가 된 것이다.

논산으로 들어섰다. 많은 사내의 땀과 눈물과 애환이 깃든 논산은 너무나 평온했다. 호국 요람이라는 큰 아치가 있는 훈련소 정문에는 비무장 군인들이 안내하고 있었다. 예전처럼 총을 들고 출입을 통제하던 무장 군인은 어디에도 없었다. 내가 입대했던 그 논산 훈련소가 맞나 싶었다. 탱크 사이에 걸려있는 환영 현수막 앞에는 포토존도 마련되어 있었다. 예전에는 꿈도 꿀 수 없는 광경이었다. 민주군대라는 말이 실감났다. 유신군대를 다녀온 나는 선뜻 이해가 안 되는 부분이었다.

마이크 소리를 찾아갔다. 간단하게 인사를 한 아들은 연병장으로 내려갔다. 연대장의 인사말과 대표 선서가 끝나자 장정들은 가족들을 향해 일제히 거수경례했다. 그리고 어디론가 황급히 사라졌다. 20분 만에 끝났다. 몇 년 전 나는 큰아들이 입대할 때도 그랬다. 지루한 장마가 끝나고 불볕더위가 시작되는 7월 말 해병대에 입대할 때였다. 입구부터 팔각모자에 빨간 명찰을 단 병사들의 눈매가 다소 위압적이었다. 짧은 입소식이 끝나자 큰절을 하고는 먼지를 일으키며 순식간에 사라졌다.

내가 입대했던 때가 생각났다. 방위산업체에 다녔지만, 현역으로 입대하려고 고향으로 내려왔다. 소식을 듣고 찾아온 고향 친구들과 밤새 술을 마셨다. 술을 좋아하지 않는 나도 그날만은 맥주를 박스째 갖다 놓고 마셨다. 숟가락과 젓가락을 두드리며 당시 유행하던 조용필의 〈돌아와요 부산항에〉를 몇 번이나 불렀다. 마치 전쟁터로 가는 의식을 치르는 것 같았다.

입대 전날 큰형님과 나는 이야기로 밤을 새웠다. 다음날, 아버지는 장남을 앞세우고 처음이자 마지막으로 입대하는 아들을 따라 새벽길을 나섰다. 별빛처럼 빛나는 큰형수의 눈물과 무심한 가로등의 전송을 받으며 골목길을 빠져나와 진역으로 갔다.

밀양 공설운동장에서 아버지와 큰형님의 얼굴을 애써 외면한 채 작별인사를 하고 집합대열로 갔다. 늘 한 걸음 물러나 무관심한 것 같았던 아버지의 시선이 뒤에서 따라왔다. 그 자리에 서 있는 아버지와 큰형님의 모습을 보면서 기차에 올랐다.

나는 아들이 사라진 쪽을 멍하니 바라본다. 텅 빈 연병장에는 흙먼지만 바람에 날린다.

아버지의 전성시대

요원의 불길처럼 번져나간 새마을운동은 잘살기 운동이다. 무슨 일이든 하면 된다는 자신감을 일깨워주는 정신운동이기도 하다. 어느 한적한 농촌 마을에서 시작된 이 운동은 삽시간에 전국적으로 번져나갔다. 내 고향 마을도 이 물결을 타고 많은 것이 변했다.

내가 살던 동네는 쉰 남짓 되는 가구가 집성촌을 이루고 있는 전형적인 농촌 마을이었다. 낮은 담장과 울타리로 둘러싸인 초가집이 많았다. 들에 나가는 소가 등을 문지르거나 나뭇짐이라도 스치면 다 망가질 정도로 어설픈 울타리들도 있었다. 비슷한 사람끼리 모여 사는 동네라 그런지 담장과 길의 경계도 명확하지 않았고 담장이 있다 해도 흙이나 돌담이 전부라 높은 담은 없었다. 골목길을 가다가 조금만 고개를 돌려도 집안이 다 보였고 집 안에서도 누가 지나가는지 다 보였다. 인심 좋은 삽짝은 늘 가슴을 활짝 열고 누구든지 자유롭게 드나들 수 있도록 해 주었다. 골목의 찬바람도 시끄러운 아이들의 소리도 거침없이 이집 저집을 드나들었다.

우리 마을에도 새로운 바람이 일었다. 새마을운동 시범 마을로 선정된 것이었다. 그것이 뭔지도 모르는 사람들에게 이장은 열심히 설명하러 다녔다. 변화를 싫어하는 마을 사람들은 시큰둥했다. 쓸데없이 긁어 부스럼 만들지 말자는 쪽을 설득해 저질러 놓고 보기로 했다.

먼저 좁고 구불구불한 마을 길을 넓히는 것이었다. 그것은 쉬운 일이 아니었다. 기존의 좁은 길을 넓히고 굽은 길은 바로 펴고 끊어진 길을 잇다 보니 살고 있는 집터를 내놓아야 했다. 땅을 목숨보다 더 소중하게 생각하는 농촌에서 상상도 할 수 없는 일이었다. 밤만 되면 회의가 열리고 회의장에는 끝없는 고성이 오갔다. 마을의 인심도 점점 나빠져 갔다. 땅이 한 뼘도 들어가지 않는 사람들은 말이 없지만 좁은 집터가 더 좁아지는 집은 날마다 얼굴을 붉히며 자기방어에 열을 올렸다. 동네를 위한 무조건 적인 양보라 한푼의 보상도 없었다. 지루한 공방은 끝날 기미가 보이지 않았다.

어느 날 학교에서 돌아온 나는 깜짝 놀랐다. 마치 큰 지진이 지나간 것처럼 담과 흙벽돌 건물이 다 무너져 있었다. 동네에서 제일 단단하고 깨끗한 담과 흙벽돌로 지은 튼튼한 집이었다. 그뿐이 아니었다. 리어카집도 가마니틀집도 마찬가지였다. 나는 할아버지를 찾아 이게 어떻게 된 일이냐고 물었다. 할아버지는 모든 것을 포기한 듯 담배 연기만 길게 내뿜으셨다. 앞산을 향해 날아가는 연기는 할아버지의 속을 태운 연기 같았다.

길 확장의 원칙은 양쪽 집에서 대등하게 땅을 양보하는 것인데 우리는 일방적으로 양보한 것이었다. 사람이 살지 않고 별장처럼 사용하는 반대편 넓고 큰 집은 왕고모할머니 집이었다. 워낙 강하게 반발하는 바람에 손을 댈 수가 없었다. 한쪽에서 양보하지 않으면 반대편에서 두 배로 양보해야 했다. 결국, 할아버지가 양보하고 만 것이었다. 큰길이 유턴을 하는 지점이어서 동네에서 제일 많은 담과 집이 허물어지고 땅도 들어갔다. 그러나 어쩔 수가 없었다. 우리 집을 시작으로 지루하게 공방을 벌이던 일이 급물살을 탔다.

내친김에 상수도 설치공사도 시작되었다. 몇 집을 제외하면 모두가 공동우물을 사용하던 때였다. 이른 아침이면 양동이로 물을 이어 나르거나 물지게로 물 드므를 채웠다. 그런 시골에 상수도를 설치한다는 것은 생각도 못할 일이었다. 반신반의하면서 동네 사람들은 공사를 시작했다. 뒷산 중턱의 저수지에서 동네까지 수로를 만드는 일이 문제였다. 겨울이라 더 그랬다. 엄두가 나지 않는지 누구 하나 선뜻 나서는 사람도 없었다. 오직 한 사람 이장만이 새벽부터 동네 사람들을 설득하러 다녔다. 시큰둥하거나 쓸데없는 일을 한다면서 비아냥거리기는 사람이 대부분이었다. 마을 회관도 없던 시절이라 구판장에서 밤마다 회의를 했다.

드디어 공사가 시작됐다. 산 위에서부터 언 땅을 파기 시작했다. 삽은 아예 들어가지도 않아 곡괭이로 두꺼운 얼음층을 제거했다. 너무 추워 모닥불을 피워 놓고 손을 녹여가며 교대로 땅을 팠다. 깊게 팔 수가 없어 무릎 정도만 파고 접착제로 연결한 PVC 파이프를 묻었다. 모두가 처음 하는 일이라 실수도 많았다. 공사를 시작한 지 한 달쯤 되는 이른 봄날 집집마다 상수도 꼭지에서 물이 콸콸 쏟아졌다. 모두가 믿어지지 않는지 환성과 함께 물을 틀고 또 틀었다.

정부 지원을 받아 초가집도 슬레이트 지붕으로 바뀌었다. 마을의 모습이 이전과는 비교가 안 될 정도로 말끔하게 변했다. 앞산과 뒷산에다 밤나무와 감나무 같은 유실수도 심었다. 모두가 꿈에 부풀었다. 몇 년 후에 열릴 열매를 상상했다. 군수와 경찰서장도 가끔 나타나 동민들을 격려해주고 사진도 찍었다. 새로 지어진 마을 회관 앞에 새벽마다 모인 동민들은 새마을 노래를 부르고 빗자루와 삽으로 골목 청소도 했다. 마을의 모습이 변하자 사람들의 생각도 변해갔다. 새마을 노래로 새벽을 열고 골목 청소로 하루를 시작하는 에너지 넘치는 동네가 되었다.

다 좋은 것은 아니었다. 새마을운동 때문에 없어진 것도 많았다. 날렵하고 산뜻한 블록 담이 들어서면서 꾸불꾸불하던 토담과 울타리는 사라졌다. 하얀 박꽃이 수놓던 초가지붕은 슬레이트로 바뀌고 육중한 철 대문은 소통을 단절시켰다. 꼭지만 틀면 쏟아지는 상수도 물은 우물가의 정겨웠던 풍경을 거둬갔고, 자갈이 깔려있던 소담스런 장독대에 피어나던 봉숭아와 나리꽃도 설 자리를 잃었다. 길도 집도 마당도 모두가 단단한 시멘트로 변하자 여름이면 뜨겁고 겨울이면 차디찬 동네로 변했다. 점차 인심도 그렇게 변했다. 모든 것이 너무 빠르게 변했다.

우리 집과 담을 제일 먼저 허물었던 사람은 아버지였다. 새마을운동을 설계하고 주도할 때만큼은 목소리에 힘이 넘쳤다. 낮에는 작업장을 돌고 밤에는 마을 사람들을 설득하시던 활기찬 아버지의 그 모습이 갈수록 그리워진다.

가난한 하수인

긴 쇠꼬챙이를 검붉은 황토 속으로 깊숙이 밀어 넣는다. 관절 사이를 파고드는 예리한 장침과 같이 돌 사이를 비집고 천천히 들어간다. 침구사처럼 기가 흐르는 혈과 맥을 찾아 거침없이 땅속을 찔러댄다. 이들은 긴 잠을 자고 있는 옛 무덤을 깨우고 있었다.

내가 열 살쯤 되었을 때였다. 밤새 풀잎에 내린 이슬이 마르기도 전에 뒷산으로 낯선 사람 둘이 올라가고 있었다. 얼굴이 까무잡잡하고 깡마른 작은 체구였다. 꾀죄죄한 옷차림의 두 사람은 바랑 같은 것을 메고 있었다. 나는 혹시 선생님에게 들었던 그런 사람일지도 모른다는 생각에 이들의 뒤를 밟았다.

수상한 사람을 미행하는 형사처럼 일정한 거리를 유지하면서 따라갔다. 갑자기 뒤돌아보면 나는 금방 돌아서서 딴전을 피우며 시선을 피했다. 이들은 산에 들어서자마자 작은 나무들을 헤치고 무언가를 열심히 찾았다. 드문드문 흩어져 있는 작은 소나무를 들추는 동안 한여름 햇살은 점차 두터워져 갔다. 마을 뒷산은 도래솔을 제외하면 유난히 붉은 황토가 많은 야산이었다. 이리저리 왔다 갔다 하던 두 사람은 약간 도톰한 땅 앞에 서서 뭔가 한참을 속닥거렸다. 그리고 그 자리에 작업복과 조립식 쇠꼬챙이 같은 공구가 들어 있는 바랑을 내려놓았다.

그들은 작업복으로 갈아입고 드러나 보이는 돌 주위를 쇠꼬챙이로 찔렀다. 돌무덤의 윤곽을 찾아내고 있는 것 같았다. 그러면서 점점 가운데를 향해 조심스럽게 범위를 좁혀갔다. 천천히 들어가는 쇠꼬챙이 끝에 뭔가가 부딪치면 일단 멈추고 그 끝에 무엇이 묻었는지를 확인했다. 그렇게 몇 번을 반복하더니 삽질을 시작했다. 자루가 짧은 삽과 곡괭이로 쪼그리고 앉아서 흙을 파냈다. 그들은 거의 말을 하지 않았다. 땅을 파고 들어가는 그 사람들은 몽구스처럼 늘 사방을 살폈다. 점차 시간이 흘러 해는 어느새 중천에 와 있었다. 뜨거운 지열로 숨이 턱턱 막히는 바람한 점 없는 숲 속에서 두더지처럼 땅을 파내려갔다. 가끔 삽날이 돌에 부딪치는 소리만 크게 들렸다. 거친 숨소리마저 삼키며 조용하고 은밀하게 움직였다. 나무 그늘 하나 없는 뙤약볕에 온몸이 땀에 젖어갔다. 코끝에 맺혀있는 땀방울은 링거처럼 한 방울씩 리듬을 타고 아래로 떨어졌다. 이들은 누군가를 위해 위험을 무릅쓰고 끼니도 걸러 가면서 땀을 흘리고 있었다.

땅속에 묻혀있던 토기가 하나둘씩 밖으로 나왔다. 주위 흙마저 핏빛으로 변해버린 무덤에서 수천 년을 잠자다 갑자기 밖으로 끌려 나왔다. 짙은 회색의 토기는 백자나 청자같이 화려하지도 예쁘지 않았다. 그저 곡식과 제물을 담을 수 있는 흙으로 만든 토기였다. 무엇을 담았는지는 알 수 없지만 큰 항아리도 있고 작은 종지 같은 것도 있었다. 찻잔처럼 손잡이가 있는 앙증맞은 것도 있고 아랫부분에 굽이 달려 있는 것도 있었다. 토기의 몸통에는 물결무늬와 빗살무늬가 그려져 있었다.

토기는 수천 년 동안 지열과 압력에도 불구하고 자신의 모습을 잃지 않고 있었다. 땅속에서 바로 나온 토기는 갓 태어난 아기처럼 약했다. 작은 압력이나 충격에도 잘 깨졌다. 한 사람은 아기를 받는 조산사처럼 조심스럽게 토기를 햇볕이 드는 곳으로 옮겨 놓았다. 양수에 젖은 아기처럼 물기 어린 토기를 그렇게 말렸다. 시간이 지나면서 물기는 사라지고 야물어져 갔다. 물기 빠진 토기는 서서히 옅은 회색으로 변했다.

유물이 많이 나온다는 소문이 퍼지자 도굴은 더 극성이었다. 땅속의 토기나 유물이 돈이 된다고 하자 동네 아이들도 도굴꾼의 흉내를 냈다. 무지막지하게 땅을 들쑤셨다. 전문 도굴꾼보다 더 했다. 초보 도굴꾼은 쇠꼬챙이를 잘못 찔러 토기에 구멍을 내거나 파손시켜버렸다. 아무도 관심을 두지 않던 뒷산은 해마다 찾아드는 도굴꾼에 의해 무참하게 파헤쳐졌다.

몇 천 년 동안 숨어있던 지하세계는 이렇게 한순간에 폐허가 되었다. 이승에서 못다 한 것을 저승에서 이루라고 자손들이 만들어준 세상을 도둑고양이처럼 몰래 찾아와 쇠꼬챙이 하나로 다 파헤친 것이다. 작은 돌로 벽을 쌓고 큰 돌로 뚜껑을 덮었지만, 철사로 만든 작은 촉수를 비껴갈 수는 없었다. 마치 투시경으로 내부를 들여다보는 것 같았다. 형체만 남아 있는 큰 무덤들은 더 일찍이 세상에 알려져 빈궁마마가 되었다. 전문가가 아니면 알 수 없었던 크고 작은 무덤들은 이제 완전히 사라졌다. 어쩌면 우리가 가야 할 그곳을 우리 손으로 파괴한 것은 아닌지. 능선마다 파헤쳐진 구덩이는 내장을 다 들어낸 통돼지처럼 누워 있었다.

큰 무덤은 일본사람들이 파괴했고 작은 무덤은 도굴꾼에 의해 거의 쑥대밭이 되었다. 늦게 시작한 대학 발굴단은 십 년이 넘도록 해마다 찾아와 뱀 껍질을 벗기듯이 산의 껍질을 벗겼다. 수많은 유물은 근처 대학과 국립박물관은 물론이고 남의 나라에까지 건너갔다. 쏟아져 나오는 유물과 함께 어떤 사람은 교수가 되고 박물관장도 되었다. 일본 사람이나 대학 발굴단이 왔을 때 땅을 파고 유물을 직접 팠던 사람은 이 동네 사람들이었다. 무슨 일인지도 잘 모르고 일당 몇 푼을 받고 시키는 대로 다했다. 처음 쇠꼬챙이로 검붉은 흙을 찌르던 사람도 마찬가지였을 것이다.

지금도 나는 가끔 그곳을 지나친다. 인간이 파괴한 상처를 자연은 말없이 치유하고 있었다. 아무 일도 없었다는 듯이. 핏물처럼 흘러내리던 황토는 울창한 숲이 되어 이제는 들어갈 수도 없다. 그러나 불안한 눈망울로 흙을 파던 그 도굴꾼은 나에게 항변한다. 우리는 먹고살기 위해 무덤을 판 가난한 하수인이었다고.

5부

촌수 없는 식구

소는 식구였다. 힘든 농사일을 도와주고 무거운 짐을 나르는 상머슴이었다. 성격이 온화하고 충직하지만 때로는 호랑이가 와도 물러서지 않는 용맹스러운 맹장 같을 때도 있다. 전생에 지은 업을 육신의 고통으로 갚아가는 묵언 수행자처럼 호불호를 내색하지 않고 틈만 나면 눈을 지그시 감고 좌선을 한다.

못질

대못 하나가 벽에 박힌다. 돌처럼 단단한 콘크리트 벽을 뚫고 들어간다. 장도리의 충격이 커질수록 벽은 온몸을 떨며 못을 받아들인다. 그 고통의 진동은 소음이 되어 벽을 타고 저 멀리, 사방으로 퍼져나간다. 망치질이 더해질수록 못과 벽이 받는 고통은 고스란히 내 가슴으로 되돌아온다.

나는 가끔 못질을 한다. 벽에 걸어두고 싶은 게 생길 때마다 크고 작은 못을 친다. 리듬에 맞춰 해보지만, 시멘트벽에 못 박는 일은 만만치 않다. 단단한 벽을 뚫어야 하는 은빛 시멘트 못은 생김새부터가 다르다. 체조 선수의 팔뚝처럼 통통한 몸통과 뾰족한 뿌리를 가지고 있지만, 머리가 볼록하게 튀어나와 못의 중심에 망치질하기가 어렵다. 망치가 조금만 중심에서 벗어나도 못이 튕겨 나가고 손가락이나 손등을 때린다. 한번 망치에 맞아본 사람은 집게로 잡아도 불안감을 느낀다. 그렇다고 엉거주춤한 자세로 못을 박다가는 더 큰 상처를 입는다. 못이 자리 잡을 때까지는 어르고, 뿌리를 내리면 달래면서 쳐야 한다. 어설픈 못질은 벽도 사람도 상하게 한다.

나는 어릴 적 고향 집 벽에 많은 못질을 했다. 목조 건물에 못을 박고 빼는 일은 다반사였다. 기둥이나 벽은 물론이고 서까래에도 못을 박았다. 비좁은 공간을 효율적으로 활용하기 위해 벽면이나 천장에도 못을 박았다. 녹이 슨 못도 박았다. 못이 휘어지면 빼고 그 자리에 더 큰 못을 박았다. 장도리가 기둥이나 벽면에 흠집을 낼 때도 있었지만 상관하지 않았다. 장도리의 충격을 받은 벽은 잠시 진동을 할 뿐 그 자리에 그대로 있었다.

이 모든 못을 잡아주고 지탱해주는 것은 벽이었다. 단단하지도 두껍지도 않던 벽면에는 고슴도치처럼 크고 작은 못들이 박혀 있었다. 못이 박혔다가 빠져나간 자리는 마치 개미집처럼 구멍이나 속살이 다 보였다.

못의 속성은 늘 무엇인가를 매달고 있는 것이다. 멀리서 보면 못은 보이지 않고 매달린 물건만 보였다. 소쿠리와 옥수수가 벽에 붙어 있었고, 마루 위에는 빛바랜 할아버지의 회갑 사진과 가족사진 액자들이 줄지어 걸려있다. 어느 날 할아버지는 사진을 다 떼어내고 손자들의 상장을 걸었다. 박물관의 전시장처럼 해마다 다른 상장으로 바꿔 걸었다. 집을 찾는 손님들이 액자를 쳐다보는 동안 할아버지는 모른 척 뒷짐 지고 서서 기다렸다.

옷걸이 용 못은 힘들었다. 수건과 모자는 물론 갖가지 옷에 덮여 숨도 제대로 쉬지 못했다. 이중삼중으로 걸리는 작업복 때문에 허리가 굽어지는 못도 있었다.

나는 벽의 고마움을 몰랐다. 깨끗한 벽에다 그림을 그리고 화가 나면 주먹으로 치고 발로 차기도 했다. 얇은 벽은 흙이 흘러내려도 나의 치기를 다 받아주었다. 그 벽은 내가 무슨 짓을 해도 눈감아 주었다. 멋모르고 대못을 박아도 눈물을 삼키며 가슴을 내주었다. 여름에는 열기를 막아주고 겨울에는 온기를 보듬어주었다. 비바람에 속살이 드러나고 갈라져도 결코 무너지지 않았다. 벽은 다 그런 줄 알았다.

시멘트벽은 달랐다. 무던한 흙벽과는 다르게 겨울이면 돌처럼 차갑다가도 여름이 되면 양철처럼 뜨겁게 변한다. 단단하고 깨끗하지만 대하기가 조심스럽다. 흙벽만큼은 편안하지가 않고 쉽게 못질을 할 수도 없다. 못이 튕겨 나올 것 같아 함부로 망치를 들지도 못한다. 지금은 드릴을 구해다 조심스럽게 구멍부터 낸다. 예전처럼 망치를 들고 설치다가는 내 손등이 먼저 못질 당할 수도 있을 것 같기 때문이다. 포용력 없는 시멘트벽은 더 큰 상처를 받는다.

어떤 벽이든 깨끗하게 태어난다. 흙벽이든 시멘트벽이든 미장이 끝나고 초배지와 벽지가 발라진 하얀 벽에는 쉽게 못을 박지 못한다. 순수하고 아름답던 새색시도 흐르는 세월에 물이 들 듯이 벽도 시간을 비껴갈 수는 없다. 언제까지나 우아하게 자신을 가꾸며 멋을 부리게 놔두지만은 않는다. 누군가는 못을 박는다. 상처가 아물기도 전에 또 다른 못질이 이어지기도 한다. 단단한 벽일수록 아픔을 삭이기 위해 더 많이 떨고 더 큰 신음소리를 낸다.

사람들은 남의 가슴에도 못을 박는다. 세상이 아무리 변해도 그 못질은 계속된다. 언제 어느 곳에서나 상대방의 가슴에 쉽게 못을 박는다. 자주 못질하는 사람들은 단번에 상대의 급소를 찾아 찌른다. 반박할 틈도 주지 않고 세 치 혀로 감당할 수 없을 정도로 못질한다. 가까운 사이일수록 그런 일이 더 자주 생긴다. 마음에 박힌 못은 잘 빠지지도 않는다. 시간이 가면 녹이 슬어 빼낸다 해도 가슴에는 구멍이 크게 남는다. 세상인심이 야박해지면서 못질하는 사람은 늘어나도 치유해 주는 사람은 드물다.

시멘트 집이 늘어나자 못질도 줄어들었다. 실리콘으로 벽지에 부착시킨 벽걸이 행거의 갈고리에 옷이나 모자 등을 건다. 행거는 단단한 벽 대신 벽지를 붙잡고 있어 생살을 뚫는 고통이나 아픔을 모른다. 벽지나 접착제의 힘이 조금만 약해져도 행거는 쉽게 떨어진다. 깊은 속정이 없었기에 벽도 아무렇지 않게 행거의 가벼운 마음을 떠나보낸다.

나는 아직도 가끔 못질을 한다. 잠시 어깨만 걸쳤다가 떠나는 예쁜 행거보다 온몸이 벌겋게 녹슬어도 자신을 고통스럽게 받아준 벽을 떠나지 않는 그런 못을 박는다.

촌수 없는 식구

소는 식구였다. 힘든 농사일을 도와주고 무거운 짐을 나르는 상머슴이었다. 성격이 온화하고 충직하지만 때로는 호랑이가 와도 물러서지 않는 용맹스러운 맹장 같을 때도 있다. 전생에 지은 업을 육신의 고통으로 갚아가는 묵언 수행자처럼 호불호를 내색하지 않고 틈만 나면 눈을 지그시 감고 좌선을 한다.

소는 힘이 세지만 사납지는 않다. 유순한 성격이라 어른 아이를 구분하지 않고 우직하게 잘 따른다. 고양이처럼 쌀쌀맞지도 않고 강아지처럼 눈치 없이 아무데서나 나부대지도 않는다. 눈치를 살피거나 꾀를 부리지 않고 말없이 자신의 본분을 다하는 우직한 마당쇠와 같다.

소는 초식동물이라 풀을 좋아한다. 억새처럼 거칠거나 잔디처럼 질겨도 잘 먹고 많이 먹는다. 풀을 뜯을 때는 잘 돌아다니지도 않고 오직 먹는 것에 집중한다. 억세든 질기든 대충 씹어 첫 번째 위에 저장해두었다가 한가할 때 넓은 어금니로 맷돌을 갈듯이 되새김질을 한다. 그 모습은 고향의 풍월과 여유로운 생활을 즐기는 군자를 연상케 한다

소는 잘 싸우지 않는다. 그렇다고 비겁하게 피하지도 않는다. 필요하면 탄탄하고 강한 뿔이 빠질 정도로 육중한 체구로 싸운다. 소싸움은 경망스런 닭싸움이나 잔인한 개싸움과는 다르다. 정정당당하게 서로의 힘과 기량을 겨룬다. 싸우는 소의 벌렁거리는 코와 부라리는 눈을 보면 용맹스러운 관운장이나 조자룡의 기개가 서려 있다. 상대가 된다 싶으면 날카로운 뿔로 가죽을 찢어가며 싸우지만, 아니다 싶으면 바로 물러난다. 승자는 물러나는 패자를 끝까지 쫓아가지도 않는다. 어찌 보면 싱거울 정도로 승부는 승부로 끝낸다. 뒤끝도 별로 없다. 다음에 만나면 그냥 그대로 같이 풀을 뜯는다. 사자나 늑대처럼 엄격한 서열을 만들거나 주종관계를 요구하지도 않는다. 사소한 일에도 늘 싸우고 복수를 다짐하는 속 좁은 동물과는 다르다.

소는 죽어서도 육신을 보시한다. 살은 물론이고 뼈와 내장도 버릴 것이 없다. 뿔은 말할 것도 없고 똥도 버리지 않는다. 영양가가 풍부한 쇠고기는 부위별로 다양한 맛을 갖고 있지만 먹고 싶다고 마음대로 먹을 수 있는 것은 아니다. 사골과 머리는 끓일수록 진한 국물이 우러나와 허약한 체질을 보강하고 기운을 돋워주는 보약 같은 음식이라 남녀노소 싫어하는 사람이 별로 없다. 두꺼운 껍질은 콜라겐이 많아 피부에 좋고 내장은 술안주로 일품이다. 때로는 껍질을 말려 북이나 장구를 만들기도 하지만 피복이나 장신구의 재료로 쓰이기도 한다. 한때는 쇠뿔이 귀하게 사용된 적도 있다. 쇠뿔은 장식이나 활, 부채, 노리개, 시치미뿐만 아니라 나무 세공품의 화각 공예에도 사용된다. 강하면서도 유연성이 좋아 여러 부장품에 사용되고 굵고 짧은 뿔은 속을 파내 잔을 만들기도 한다.

거름을 만드는 중요한 재료였던 소똥도 한때는 귀한 대접을 받았다. 비료가 풍족하지 않던 시절 농작물의 성패는 거름에 달려 있었다. 거름을 만드는 소똥은 술과 빵의 효모균처럼 풀이나 짚을 썩히는 역할을 한다. 인분을 사용하기도 하지만 소똥을 따라갈 수는 없다. 여름이면 이른 새벽마다 망태를 메고 나갔지만, 가득 채우는 날은 드물었다. 어둠이 걷히기도 전에 누군가가 흔적도 남기지 않고 다 주워갔다.

소는 매년 새끼를 낳아 집안에 활기를 불어넣었다. 가난한 농가의 재산목록 1호는 언제나 소였고 재산증식의 일등공신이었다. 부모가 대학을 보내는 것이 아니라 소를 팔아 보낸다고 대학을 우골탑이라 부른 적도 있다.

소는 힘든 일을 도맡아 했다. 철도 들지 않은 어린 소는 멍에부터 짊어졌다. 전생에 무슨 업을 쌓았기에 축생으로 태어나 등에다 길마를 얹고 멍에부터 목에 걸었을까. 논밭을 가는 쟁기질과 소바리짐을 나르고 우마차를 끄느라 쉴 새가 없었다. 때로는 짐을 가득 실은 손수레를 몇 대씩 끌기도 하고 보리와 나락을 운반하고 짚과 나무도 실어 날랐다. 파종과 수확을 동시에 하는 봄가을에는 사람도 소도 가장 바쁜 계절이었다. 소의 발걸음과 거친 숨소리는 잠자는 땅을 일깨우고 생명을 불어넣었다.

소를 키우는 일도 만만치 않았다. 농사일하는 소는 새벽부터 저녁까지 신경을 써야 하는 자식 같았다. 할아버지는 새벽마다 가족들보다 소를 먼저 보러 갔다. 소가 외양간에서 머리를 쑥 내밀고 흔들면 하루일과가 순탄하게 시작되었다. 여름에는 모기를 쫓느라 매캐한 모깃불 연기를 초저녁 내내 외양간으로 보냈고, 아침이면 잘 떨어지지 않는 까만 피 진드기를 호미로 떼어냈다. 겨울에는 더했다. 날마다 외양간 바닥을 깨끗하게 치우고 신방처럼 짚을 깔았다. 얇은 내의 같은 가마니를 소등에 얹고 방석으로 온몸을 감싸고 나면 외양간 문에 달린 발을 내렸다.

할아버지는 늘 애잔한 눈빛으로 소를 바라봤다. 멍에 자국이 퉁퉁 부은 소가 목을 조용히 내밀면 겹겹이 뭉쳐 있는 굳은살을 할아버지는 오래도록 만져주었다. 아무리 농사일이 바쁘고 일이 밀려도 멍에 자국이 부어오르면 소를 쉬게 했다. 그때는 소죽도 특식이었다. 봄철에 말려둔 건초와 쌀눈이 많은 보드라운 등겨를 듬뿍 넣고 걸쭉하게 소죽을 끓였다. 된장이나 멸치젓갈 같은 양념을 넣어 끓이는 구수한 소죽에는 할아버지의 정성이 가득 들어 있었다.

소는 구시가 넘치도록 채워진 여물과 소죽을 밤새도록 먹고 또 되새김질하면서 잠을 잤다. 유순하다고 함부로 소를 대하면 불호령이 떨어졌고 친구들처럼 소등에 올라타는 것도 허락되지 않았다. 날마다 할아버지가 등을 긁어주고 쓸어주며 털 고르기를 한 소는 언제나 동네에서 제일 반질반질했다. 그런 소를 보면 집안 대주의 분신을 보는 듯하여 흐트러진 몸가짐을 바로잡기도 했다.

그때 우리 소는 촌수 없는 식구였다.

개망초

개망초꽃이 지천으로 피어난다. 물기마저 말라버린 자갈밭에도 안개처럼 뿌연 꽃들이 흐드러지게 피고 있다. 가는 줄기에서 사방으로 뻗은 녹색 가지 끝에는 접시 같은 작은 꽃들이 얹혀 있다. 푸른 달빛이 꽃잎에 내려앉으면 길가의 작은 꽃들은 은하수가 되어 물결을 이룬다. 개망초꽃은 혼자 있거나 여럿이 있거나 하얀 자태를 잃지 않는다.

개망초는 노란 수술과 하얀 암술로 꽃을 만든다. 순두부처럼 몽실몽실 피어나는 안개꽃이나 뿌려놓은 왕소금 같은 메밀꽃과는 다르게 작은 잎들이 모여 접시 모양이 된다. 국화처럼 바깥쪽에 펼쳐진 백색 설상화舌狀花가 암꽃이고, 안쪽의 황색 관상화管狀花는 짝꽃이다. 딴꽃의 가루를 쉽게 받을 수 있도록 암꽃이 바깥쪽을 넓게 둘러싸고 있다. 계란 흰자 같은 하얀 잎들이 노른자처럼 도톰하게 돋아있는 수술과 암술 주위를 지킨다. 꽃 모양이 마치 계란 프라이처럼 생겨 '계란꽃'이라고 부르기도 한다.

어린 개망초는 나물로 먹을 수 있을 정도로 부드럽다. 줄기가 단단해지고 뿌리가 실해지면 작은 꽃몽우리를 하나둘 맺기 시작한다. 점차 햇살이 두꺼워지면 부챗살 같은 가지마다 흰 꽃을 얹을 준비를 한다. 가뭄이 들면 매 발톱 같은 뿌리가 흙과 돌을 움켜쥐고 마른 수건 짜듯이 없는 수분도 열심히 찾는다. 물이 부족한 사막에서 자라는 풀처럼 가늘고 길게 자란다. 억새나 망초가 가까이 다가오면 경쟁하듯 키만 크고 혼자 있으면 옆으로 가지를 많이 뻗는다.

봄비에 쑥쑥 자란 개망초는 장마가 끝날 무렵이면 꽃을 활짝 피운다. 황무지나 자갈밭 같은 척박한 땅에 피어있는 하얀 그 꽃이 초여름 농촌 풍경을 소박하고 고즈넉하게 만든다. 어디서나 볼 수 있는 이 꽃은 크고 예쁜 꽃들이 벌과 나비를 유혹하기 전에 씨앗을 다 만든다. 더위가 한풀 꺾이는 늦여름이 되면 상추 씨처럼 작은 씨앗들은 잠자리처럼 날개를 달고 떠날 채비를 한다. 씨앗들이 탁발승처럼 어디론가 떠나가면 녹색 줄기와 작은 잎은 할 일을 다한 듯 누렇게 변해 간다.

개망초는 지구를 반 바퀴나 돌아 미국에서 들어왔다는 귀화식물이다. 구한말 철도 부설권을 가져간 일본이 철길을 만들기 위해 미국에서 들여온 침목과 같이 들여왔다고 한다. 어딘지도 모르고 따라 들어와 처음에는 고생도 많이 했다. 토박이의 눈치를 보면서 철길 옆 자갈밭에서 피난민처럼 이민 생활을 시작했다. 여름에는 불처럼 뜨겁고 겨울이면 얼음처럼 차가운 돌멩이들 틈에 뿌리를 내리고, 거친 기적 소리와 숨이 막히는 검은 연기를 이겨내며 꽃을 피우고 씨를 만들었다. 아무도 살 수 없을 것 같은 요란스럽고 험한 자갈밭에서 그렇게 정착을 했다.

억척스러운 이 꽃도 나라가 망해가는 시기에 몰래 들어온 꽃이라 미움을 샀다. 비슷한 시기에 들어온 망초꽃보다 희고 예쁘지만, 개망초라 불렀다. 그것도 모자라 망국초라 불리기도 했다. 수많은 귀화식물이 있지만 이런 이름은 드물다. 나라가 망한 것이 이 꽃과 무슨 관계가 있다는 말인가. 이름 석 자 중에 좋은 말이 하나도 없다. 가세가 기울어진 집에 들어온 새 식구에게 모든 잘못을 돌리는 것과 같다. 자신들의 잘못을 힘없는 약자에게 책임을 전가하는 것은 지금도 마찬가지이다.

개망초를 보면 중앙아시아에 사는 고려인들이 생각난다. 소련은 아무것도 모르는 연해주의 고려인들을 일본 첩자라는 누명을 씌워 중앙아시아 허허벌판에 내다 버렸다. 삶의 환경이 완전히 다른 곳이라 많은 사람이 추위와 질병을 견디지 못하고 사라졌다. 그래도 살아남은 사람은 얼어붙은 땅속에 움막을 짓고 생명의 불씨를 살려 나갔다. 살아남은 목화씨 한 개가 방방곡곡에 하얀 목화밭을 만들었던 것처럼 고려인들은 곡괭이마저도 쉽게 받아주지 않던 처녀지를 논밭으로 만들어 삶의 영역을 넓혀 나갔다.

만주나 연해주로 간 조선인들처럼 남미 등으로 떠났던 한인들도 마찬가지였다. 좋은 환경을 기대하며 꿈에 부풀어 떠났지만 가난한 나라의 이주민을 반기는 곳은 어디에도 없었다. 겨우 마련한 땅은 가져간 씨앗들도 쉽게 싹 틔울 수 없는 척박한 황무지였다. 식물도 살 수 없는 그곳에서 시련을 견디지 못한 사람들은 민들레 홀씨처럼 바람을 타고 또 다른 낙원을 꿈꾸며 떠나갔다. 그래도 몇 집은 그곳에 남았고 많은 시련과 도전을 이겨낸 그들은 개망초처럼 그곳의 주인이 되었다.

모든 식물은 자신만의 독특한 방법으로 영역을 넓혀 간다. 홀씨가 되어 바람에 날아가거나 동물들의 먹이가 되어서도 씨앗들은 어딘가에서 새 터를 잡는다. 사람도 식물처럼 더 나은 곳이 있으면 어디든지 찾아간다. 이동수단이 시원찮던 시절에는 인근 지역으로 천천히 이동했지만, 비행기와 같은 교통수단이 발달한 지금은 어디든 쉽게 간다. 이미 포화상태인 지역을 떠나 풍요롭고 기름진 자신만의 신대륙을 찾아 나선다. 텃세가 심하면 끝없는 영역 다툼을 해서라도 자리를 잡고 아무도 살지 않는 빈곳에서는 쉽게 주인이 된다.

여러 나라에 흩어져 살고 있는 이방인들도 마찬가지다. 이 땅을 떠난 사람도 이 땅을 찾아든 사람도 길은 다르지만, 정착의 어려움은 크게 다르지 않았을 것이다. 처음 뿌리를 내리고 정착한 사람들의 희생이 그곳을 자손들의 고향으로 만드는 것 같다.

지천으로 널브러진 개망초도 언젠가는 또 다른 이방인에게 자리를 내줄 것이다. 인디언이 백인에게 아메리카 대륙을 내주었듯이. 영원한 주인이 없는 땅을 두고 이어지는 영역 다툼은 다람쥐 쳇바퀴 돌듯 자꾸만 반복되고 있다.

설주사雪舟寺

하얀 눈 위에 배 하나가 떠 있다. 늦은 오후 햇살이 잔설 위에서 부서진다. 사철 녹지 않는 눈 위에 떠 있는 이 배는 어디로 가는 배인지. 언제 떠나는지도 모르면서 기울어지는 햇살에 떠밀려 무작정 배에 오른다. 선장도 선원도 없는 갑판에는 이미 반그늘이 드리워져 있고 촘촘히 깔린 다다미가 빈 선실을 지키고 있다. 쌀쌀한 바람이 주인 없는 배 위에 올라오다 놀란 듯 황급히 내려간다.

바람마저 떠나고 없는 넓은 선방은 빈 찻잔 두 개가 지키고 있다. 하얀 모래가 눈처럼 깔린 정원을 내려다보며 누군가가 방금 녹색 말차를 마신 듯하다. 아직 체온이 남아 있는 그 방석에 앉자 종일 걷느라 지친 다리와 피로해진 눈동자의 긴장이 풀린다. 나는 두꺼운 방석에 가부좌를 틀고 열린 창을 통해 바깥을 내다본다. 미처 녹지 못한 눈처럼 처마 밑에 깔린 새하얀 모래 끝에는 푸른 풀들이 바다처럼 펼쳐져 있다. 푸른 물결 위의 작은 돌섬으로 햇살이 모이자 병풍처럼 둘러쳐진 대숲이 파도처럼 일렁인다. 하늘과 맞닿은 대숲의 사각거리는 소리에 온갖 잡념이 밀려온다. 조용히 눈을 감는다. 배가 어디론가 떠난다. 파도 소리가 들리고 멀리서 갈매기 소리도 들린다. 가슴을 열고 천천히 숨을 들이마시자 온갖 잡념들이 허공으로 떠오른다. 나도 무중력 상태가 되어 열기구처럼 높이 올라간다.

물방울 하나가 정적을 깬다. 놀라 눈을 떠보니 돌확 속에서 파문이 인다. 어느새 또 다른 물방울 하나가 대통 끝에 맺힌다. 관성에 따라 내려가는 길이라 돌아갈 수 없는 줄 알면서도 쉽게 몸을 던지지 못한다. 당연히 가야 할 길이지만 새로운 세상에 대한 두려움 때문인 것 같다. 지나고 보면 아무것도 아닌 평범한 길이라도 가보지 않았던 길이기에 망설인다. 살다 보면 다한 연을 떨치지 못하고 물방울처럼 머뭇거릴 때가 많다.

한참을 대통 끝에서 갈등과 고뇌 속에서 번민하다 끝내 손을 놓는다. 더 이상 장력의 힘으로 버틸 수 없는 물방울은 중력에 몸을 맡기고 아래로 떨어진다. 어둡고 비좁은 길을 지나 낭떠러지 앞에서 한숨을 돌리고 스스로 몸을 떨구는 것이다. 봄바람에 떨어지는 꽃잎처럼 흩날리지도 폭포수처럼 요란스럽지도 않게 조용히 떨어진다. 자신의 의지와 관계없는 자연의 힘에 모든 것을 맡기고 하나의 연을 끊는 순간이다. 아무것도 걸릴 것 없는 허공으로 몸을 날리자 작은 바람이 인다. 지상의 잡초들이 몸을 흔들며 반긴다. 대통 끝에는 또 다른 물방울이 맺힌다.

작은 돌확이 떨어지는 물방울을 받는다. 무엇이 기다리는지도 모르고 떨어지는 물방울을 물꽃으로 만들며 자신의 품속으로 사뿐히 받아들인다. 길게 이어지던 연 하나를 끊고 새로운 연이 맺어지는 순간이다. 정적을 깨는 낙숫물은 폭포수처럼 요란하지도 않고 끊임없이 부서지는 거친 파도 소리도 아니다. 범종이나 목탁처럼 누구를 구제하기 위해 소리를 내는 것은 더욱더 아니다. 오체투지를 하듯 자신의 몸을 던져 낮은 곳으로 돌아감을 알리는 것이다. 청아한 낙수 소리는 태고의 소리이며 자연의 소리이다. 주기적으로 떨어지는 소리를 듣고 있으면 마음이 편안해진다. 작은 물방울은 고요한 가슴에 파문을 일으키고 어디론가 조용히 사라진다.

돌확에는 늘 물이 고여 있다. 거울처럼 잔잔한 수면에 떨어지는 낙숫물은 자신을 드러내지 않고 고인 물에 동화가 된다. 이 물들은 어디서 왔을까. 자신의 의지대로 온 것일까. 운수행각처럼 발길 닿는 대로 떠돌다 잠시 쉬고 있는 것인지도 모른다. 한곳에 머물 수 없는 수행자처럼 또 어디론가 떠날 것이다. 잠시 나타났다 사라지는 구름처럼 이 물도 끊임없이 흐르고 떨어지고 고이고 다시 흐를 것이다.

나도 마찬가지다. 날마다 부지런히 다니지만 정작 가는 곳을 모르고 간다. 내 의지와 관계없이 엉뚱한 곳으로 갈 때는 더 그런 생각이 든다. 흘러가는 구름과 다를 게 뭐가 있나 싶은 생각이 들 때가 많아진다. 날이 갈수록 태어나고 죽는 것은 한 조각 작은 구름이 생겼다가 없어지는 것과 같다는 함허 득통화상의 말이 더와 닿는다.

용을 쓰며 기를 모으던 또 하나의 물방울이 돌확 속으로 떨어진다. 정적을 깨며 떨어진 물방울이 작은 물결을 일으키고 바로 사라진다. 초록 이끼를 걸친 돌확은 아무 일도 없었다는 듯이 떨어지는 낙숫물을 받아낸다. 얼핏 봐도 오랜 시간 그렇게 하고 있었던 것 같다. 작은 석등 하나가 사라지는 물방울의 영혼을 위로하며 부처님 말씀을 전하는 전등傳燈같이 그 곁을 지키고 있다.

해가 기울자 댓잎 부대끼는 소리가 까마귀의 울음소리보다 더 무겁게 느껴진다. 나는 반쯤 감고 있던 눈을 뜬다. 돌확에 떨어지는 물소리와 맑은 향기가 감도는 정원이 한 폭의 수묵화가 된다.

붉은 명자꽃이 한창인 봄날, 문우들과 함께 교토에 갔다. 어제 그토록 비바람이 불었던 것은 오늘 좋은 날씨를 보이기 위한 전조였을까. 춥지도 덥지도 않아 구경 다니기 좋았다. 극락세계를 나타낸 평등원平等院과 곡식의 신을 모셔둔 여우신사伏見稻荷大社를 구경하고 동복사東福寺에 들렀다. 일본이 자랑하는 동복사 단풍은 봄이라 못 보고 사찰정원은 마감 시간이 지나 볼 수가 없었다. 맑은 공기나 좀 마실까 하고 돌계단에 앉으니 나이든 관리원이 문 닫을 시간이라며 나가라 한다.

아쉬움을 뒤로하고 발길을 돌렸다. 석양에 쫓기듯 내려오다 대문이 조금 열린 작은 절에 들어갔다. 아무도 없었다. 모두가 법당에 들어가 창밖을 내다보며 자리를 잡았다. 누가 먼저랄 것도 없이 앉자마자 눈을 감았다. 이런 분위기에 익숙하지 않지만 나도 약속이나 한 듯 눈을 감고 명상에 잠겼다. 얼마나 지났을까. 인기척도 없던 선방에 노스님이 나타났다. 문 닫을 시간이 지났다고 하면서도 나가라고 하지는 않는다.

그곳이 설주사雪舟寺였다.

미국 가던 날

지금도 비행기를 타면 그날 일이 생생하게 기억난다. 왜 그런 일들이 연달아 내 주위에서 일어났는지 알 수가 없다. 지나치게 피로하고 긴장한 것이 사건의 발단이 아니었을까 하는 생각이 든다. 서울 올림픽 개막을 앞둔 그해 칠월, 미국으로 기술연수를 가면서 생긴 일이다.

날이 밝자 뉴욕 케네디 국제공항에 도착했다. 잔뜩 긴장한 얼굴로 입국심사대 앞에 줄을 섰다. 해외에 나간 적이 별로 없는 나는 긴 줄에 놀랐다. 앞사람이 인터뷰하는 모습을 보면서 약간 긴장되더니 노란 선을 밟고 서니 더욱 긴장되었다.

드디어 내 차례가 되었다. 신검을 받는 장정처럼 신속하게 창구로 다가가 여권을 공손하게 들이밀었다. 유리방 속의 심사관은 힐끗 한 번 쳐다보고는 입국 목적과 머무를 장소 등 몇 가지를 물었다. 심사대를 무사히 통과하고 나니 어디로 가야 할지 순간 헷갈렸다. 같은 비행기를 타고 온 사람들이 많이 가는 쪽으로 그냥 따라갔다.

수하물 찾는 곳에는 이미 많은 사람이 진을 치고 있었다. 별의별 모양의 가방들이 연방 줄지어 나왔지만 내 가방은 나오지 않았다. 뭔가 잘못됐다는 생각이 들자 불안해지기 시작했다. 석 달 동안 사용할 생활필수품과 옷이며 책이 들어있는 큰 가방이었다. 컨베이어에서 돌던 가방들이 다 사라질 무렵에야 삼단가방이 누운 채로 밀려 나왔다. 수하물을 일찍 부치면 늦게 나오는 경우가 많다는 것은 나중에야 알았다. 수하물을 카트에 싣고 나니 이제 미국에 도착했구나 싶었다.

카트를 끌고 나오는데 젊은 백인이 다가와 친절하게 인사를 건넸다. 나도 얼떨결에 인사했다. 인사를 하자마자 바로 카트를 받아 끌려고 했다. 누구냐고 물었더니 마중을 나왔다고 했다. 뉴욕 지사에서 현지인을 보냈구나 싶어 카트를 넘기려다 자세히 보니 복장이 좀 이상했다. 귀걸이를 한 것이나 수염 모양이며 복장이

범상치가 않았다. 뭔가 좀 이상하다는 생각이 들었다. 누가 보냈냐고 물었더니 회사에서 보냈다고 하면서 카트에 손을 얹었다. 회사 이름과 보낸 사람을 말해보라고 했더니 우물쭈물했다. 마중 나온 사람이 저쪽에 있다고 하면서 나는 재빨리 그곳을 벗어났다.

카트를 밀고 나가는 동안 온갖 생각이 다 들었다. 하필이면 많고 많은 사람 중에 왜 나한테 접근했을까. 불안하고 긴장된 표정이 들킨 것일까. 아니면 복장이 특이한 것일까 하면서 내 차림새를 훑어보니 금방 이해가 되었다. 주름진 복장이며 착 달라붙은 머리에 꾀죄죄한 얼굴이 영판 촌닭이었다. 삼복더위에 양복, 넥타이, 와이셔츠를 입은 사람은 아무도 없었다. 비좁은 공간에서 열 시간 넘게 앉아 있다 내렸으니 몰골이 어땠겠는가. 밖에 나오니 뉴욕지사의 선배가 저만치서 손을 흔들며 서 있었다.

선배는 맨해튼을 구경시켜 주고 육개장 전문 한국식당으로 데려갔다. 반주飯酒를 곁들인 저녁을 먹고 최종 목적지인 버지니아의 로어노크Roanoke로 가는 비행기를 탔다. 타자마자 피로가 몰려와 잠이 들었다. 승객들의 웅성거리는 소리에 눈을 떠보니 짐을 들고 내리고 있었다. 나도 벌떡 일어나 선반에서 짐을 챙겼다. 기내 방송은 계속되었지만 시끄러워 제대로 들리지 않았다. 시계를 보니 예정시간보다 좀 일찍 도착한 것 같았다. 나는 군에서 배운

대로 눈치껏 무리를 따라 내렸다. 이제야 그 지루하고 답답하던 비행기에서 벗어나는구나 생각하니 긴장이 풀리는 것 같았다. 기내에서 마신 술 때문인지 자다 일어나서 그런지 계속 정신은 몽롱했다.

얼른 짐을 찾아 밖으로 나가고 싶었다. 숙소에 가서 제대로 좀 쉬어야겠다는 생각뿐이었다. 카트를 대기시켜 놓고 큰 가방이 나타나기만을 기다렸다. 늦은 밤이라 공항은 한산했지만 긴 여정에 쌓인 피로가 한꺼번에 몰려와 말할 기운도 없었다. 두더지처럼 가방이 튀어 올라 돌고 있는 컨베이어에 곤두박질치자 짐을 찾은 사람들은 출구 쪽으로 하나둘 사라졌다. 벨트를 타고 빙빙 돌던 마지막 가방마저 없어지자 컨베이어가 멈춰 섰다.

이번에는 아예 내 가방이 나오지도 않았다. 항공사 착오로 짐이 엉뚱한 곳으로 갔거나 분실되었다는 생각이 들었다. 뉴욕에서 한번 놀래고 나니 불안감이 더 크게 몰려왔다. 나는 바로 수하물 클레임 센터로 갔다. 수하물표를 직원에게 보여주면서 짐이 나오지 않았다고 하자 무전기로 어딘가에 연락하고는 하던 일을 계속했다. 내가 재촉하면서 보채자 직원은 기다리라는 말만 반복했다. 실수하고도 이런 식으로 대한다는 생각에 화가 났지만 짧은 영어에 어쩔 수가 없었다. 밖에서 기다리고 있을 사람을 생각하니 급한 마음에 가슴이 답답했다. 한참 후에야 가방을 갖다 주었다. 가방을 끌고 밖으로 나오는데 벽에 붙은 광고 하나가 눈에 들어왔다. "Welcome to Durham"이라는 문구였다.

나는 깜짝 놀랐다. 다시 돌아와 여기가 어디냐고 직원에게 물었다. 직원은 이상하다는 듯이 바라보면서 여기는 더럼이라고 했다. 깜짝 놀라 수하물표를 보여주었더니 순간 당황한 기색이 역력했다. 나는 그곳이 중간 경유지라는 것을 몰랐고 직원은 표를 제대로 보지 않았던 것이었다. 또 어설픈 영어로 항의했더니 이륙하려는 비행기를 세우고 짐을 찾아 왔다는 말만 반복했다. 나의 짧은 영어 실력과 직원의 실수가 엉키면서 생각지도 못한 곳에서 발이 묶여 버렸다.

그때 텅 빈 대합실에 청년 두 명이 들어왔다. 한국 유학생이었다. 나는 도움을 청했다. 그때야 직원은 잘못을 인정하고 호텔과 내일 새벽 첫 비행기까지 책임지겠다고 했다. 일단 호텔 방에 짐을 푼 나는 학생들과 새벽까지 술을 마시며 유학 생활에 대한 이야기를 들었다. 듀크 대학에서 박사학위를 준비하는 대학원생들이었다. 그날 나는 유학을 준비하는 학생처럼 학교생활에 대해 많이도 물었다. 상세하고 자랑스럽게 대답해 주던 유학생들에게 꼭 한번 로어노크에 놀러 오라는 말을 남기고 헤어졌다.

잠자리에 들자 대학도 제대로 갈 수 없었던 그때가 꿈을 꾸듯 나타났다. 연수를 받으면서도 틈만 나면 인근 도시의 대학에 놀러 다녔다. 몇 달 후, 연수를 무사히 마친 나는 스마트하게 귀국 코스를 잘 통과했다. 그리고 대학원에 입학원서도 냈다.

하얀 손수건

그날은 떠나기 위해 모두가 모였다. 잠시 머물렀던 둥지를 떠나 또 다른 곳으로 떠나는 날이었다. 내가 다른 둥지를 찾아가듯이 누군가는 이곳으로 또 모여든다. 나는 이와 같이 모이고 헤어지는 졸업식을 여러 번 거쳤다. 그중에서도 중학교 졸업식이 가끔 생각난다.

이날도 여느 졸업식과 마찬가지로 강당에서 이루어졌다. 강당이라야 교실 몇 개를 터서 임시로 만든 좁은 곳이었다. 후배들이 수업도 제대로 하지 못하고 선배들을 위해 만든 공간이었다. 그날은 정들었던 교정과 선생님 곁을 떠나는 날이며 누구랄 것 없이 모두 단정한 복장으로 학교에 갔다. 중학교 교복을 마지막으로 입는 날이었다.

졸업식은 생각보다 조용하게 시작되었다. 다소 지루한 교장선생님의 식사와 내빈들의 축사가 끝나자 시상식이 있었다. 재학생의 송사와 졸업생의 답사가 이어지면서 분위기는 점차 숙연해져 갔다. 시간이 흐르자 여학생들은 점차 고개를 숙였고 울음을 삼키느라 하얀 손수건을 꼭 쥐고 있었다. 마지막으로 모두가 일어나 부르는 졸업식 노래는 남학생들의 목소리만 들렸다.

공식적인 행사가 끝나자 담임선생님은 같은 반 친구들을 따로 모아 졸업장도 주고 동창회에서 주는 선물도 주었다. 선생님은 함께 공부한 것도 좋은 인연이니 계속 이어갔으면 좋겠다는 말씀을 하셨다. 나는 선생님이 하시는 긴 말씀이 잘 들리지 않았다. 지난 며칠 동안 친구들과 밤새워 놀았던 일만 자꾸 생각났다.

졸업식을 한참 앞두고 나는 진학이 결정되었다. 해방감에 젖어 그냥 어디든지 가고 싶었다. 추운 겨울날 아무도 찾지 않는 조그만 절에도 갔다. 나는 해 질 무렵 조용한 산사의 길을 따라 걸어갔다. 나뭇가지에 걸려있는 붉은 해가 지기도 전에 산 그림자가 이미 내 곁에 와 있었다. 앙상한 나뭇가지의 울음소리가 계곡을 흐르는 물소리를 잠재웠다. 아니 차가운 얼음 속으로 숨어버린 것 같았다. 코끝이 발갛게 물들어 가고 손발이 시려도 마음은 시원하고 기분은 상쾌했다. 산은 언제나 나를 포근하게 대해주었다. 나는 그런 산이 좋고 풍경 소리가 좋고 향냄새가 좋았다.

솜털이 사라지고 코밑이 검게 변해가는 나와 동네 친구들은 여학생들과 밤새워 놀기도 했다. 지금까지 하지 못한 이야기를 다 하면서 놀았다. 여태까지 같은 반에서 공부하면서도 제대로 말 한번 건네 본 적이 없었다. 매일 같은 길을 걸어다녔지만 애써 서로 외면했다. 그때는 여학생들과 말을 하면 큰일 나는 줄 알았다. 따지고 보면 이래저래 다 친척이었지만 서로 부끄러워했다. 동네에서 만나면 다 큰 처녀처럼 보이기도 했다.

하루는 저녁을 먹고 친구들과 상업고등학교에 수석으로 입학한 같은 반 여학생 집에 놀러 갔다. 부모님께 인사를 하고 조금 머뭇거리다가 방으로 들어갔다. 잘 놀다 가라고 하시면서 고구마와 홍시를 내주었다. 난생처음 다른 동네 여학생 집에서 놀았다. 남학생들은 대부분 도시에 있는 학교로 가지만 여학생들은 중학교 바로 옆에 있는 상업학교로 갔다. 도시로 떠나는 우리를 부러워했다.

이야기하다 보니 자연스럽게 졸업식 이야기가 나왔다. 나는 농담으로 송사와 답사를 듣다 보면 눈물이 날지도 모르겠다고 했다. 그 말을 들은 한 여학생이 눈물을 닦을 수 있는 손수건을 선물하겠다고 했다. 이별을 상징하는 손수건을 선물하겠다는 말에 모두가 웃었다.

졸업식 날이 다가올수록 들뜬 기분이 조금씩 가라앉았다. 친한 친구들은 인문계로 가는데 혼자만 공고 기계과에 원서를 냈기 때문이었다. 내가 공고에 간다고 했을 때 담임선생님은 말렸다. 인문계 고등학교에 가서 대학에 가라고 하셨다. 다른 선생님도 그렇게 말씀하셨다. 그러나 나는 공업고등학교에 가는 것을 굽히지 않았다. 열심히 공부하면 대학도 갈 수 있다는 확신을 가지고 있었다. 집안을 일으켜 세워야 한다는 생각뿐이었다. 다른 어떤 말도 들어오지 않았다.

하루는 집에서 공부를 하고 있는 나를 밖에서 부르는 소리가 들렸다. 원서 마감을 며칠 앞두고 담임선생님이 찾아오신 것이었다. 선생님은 아버지를 만나 진학할 학교를 바꾸려고 오셨다고 했다. 나는 아버지가 출타중이라고 했다. 선생님은 다시 한번 생각해보라고 하시면서 가셨다. 나는 절대 흔들리지 않겠다고 오기 같은 다짐을 하면서도 가슴 한쪽에서는 꿈이 무너지는 소리가 들렸다. 선생님의 자전거가 좁은 골목을 돌아나가자 내 눈앞은 뿌옇게 변했다.

졸업식 행사가 완전히 끝이 났다. 복잡한 운동장을 걸어나가던 나를 부르는 소리가 뒤에서 들렸다. 뒤를 돌아보니 그때 그 여학생이 뛰어오면서 나를 부르고 있었다. 짙은 군청색 교복 치마를 펄럭이며 달려오고 있었다. 단정한 윗도리 위에 달려있는 하얀 리본이 심하게 흔들리는 것이 보였다. 나는 걸음을 멈추고 그쪽을 지켜보며 서 있었다. 가까이 뛰어온 그 여학생은 얼굴이 발갛게 상기된 채로 내게 무엇인가를 전해주었다. 그러고는 눈도 마주치지 않고 그냥 뒤돌아 뛰어갔다. 고맙다는 말도 못 하고 어물거리는 사이 그 여학생은 북적이는 사람들 사이로 사라졌다.

나는 아무 말도 못 하고 그냥 서 있었다. 이날 나는 이성으로부터 첫 선물을 받았다. 한동안 펄럭이는 심장을 진정시키고 살포시 펼쳐 보았다. 하얀 백지에 고이 포장된 것은 하얀 손수건이었다. 새하얀 천으로 만든 손수건이었다. 그 손수건을 보는 순간 심장이 멎는 것 같았다. 손수건 한쪽 구석에는 빨간 꽃 두 송이가 이파리와 같이 수놓아져 있었다.

그 이후에도 우리는 가끔 편지를 주고받으며 서로의 근황을 물었다. 서로 처지가 비슷했던 우리는 제법 많은 편지를 주고받았지만, 그저 겉도는 이야기만 했다. 서로 격려하면서 힘을 보태기는 했지만 정작 하고픈 말은 하지 못했다.

강산이 네 번도 더 바뀔 정도로 세월이 지났지만, 가슴 설레며 손수건을 받았던 그 졸업식이 가끔 생각난다. 열일곱 하얀 마음을 수놓았던 손수건 꽃무늬가 날이 갈수록 더 선명해진다.

담

담은 작은 성벽과 같다. 흙이나 돌을 사용해 만들어진 담이 대부분이다. 크고 작은 돌이 담의 뼈대라면 틈새를 메워주는 부드러운 흙은 살과 같다. 드문드문 박혀있는 다양한 돌들이 문양이나 그림이 되기도 한다. 돌담이나 토담은 언제나 세찬 바람을 막아주고 따뜻한 햇살을 모아 기운을 더해 준다.

담의 형태는 사람의 얼굴만큼이나 다양하다. 해변의 모래알이 다 다르고 수많은 사람도 개성이 있듯이 담도 다양한 모양을 하고 있다. 안이 훤히 들여다보이는 유별나게 낮은 담이 있는가 하면 너무 높아 안에서 무슨 일이 일어나는지 짐작조차 할 수 없는 철옹성 같은 담도 있다. 구불구불하고 보잘것없는 낮은 담은 숨길 것도 가져갈 것도 없는 서민들이 주로 사는 집이고, 육중한 솟을대문으로 이어지는 견고하고 높은 담은 비밀이나 숨길 것이 많은 고관대작의 집일 때가 많다. 낮은 담장 끝에 얼기설기 엮은 작은 사립문이 있는 집에는 바람도 사람도 서슴없이 드나들지만, 햇빛 한 줄기 들어갈 틈도 없이 꽉 닫힌 대문 안은 너무나 답답해 보인다. 나는 소리마저 넘지 못하는 담장 안이 궁금해 그곳을 지나갈 때마다 귀를 쫑긋 세우고 지나갔다.

담은 나지막한 돌담이 아름답다. 종이 한 장 들어갈 틈도 없이 쌓은 마추픽추의 석축보다 방금이라도 무너질 것 같은 제주도의 현무암 돌담이나 산골 마을의 이끼 낀 돌담이 더 좋다. 부는 바람을 통과시켜 주고 뻗어가는 호박 넝쿨에 등을 스스럼없이 내주는 성벽처럼 높거나 두껍지도 않은 그 담이 좋다. 어떤 모양으로 다듬은 것이 아니라 생긴 그대로 자연스럽게 쌓은 돌담이기에 그런 것 같다. 정으로 깨고 쪼아 속살을 허옇게 드러낸 상처받은 돌들은 아무리 잘 쌓아도 억지 춘향 같은 생각이 들어 정겨워 보이지가 않는다.

흙과 돌이 배합된 토담도 마찬가지이다. 돌이 없는 흙담은 쌓기도 어렵지만, 비바람에 잘 허물어져 아랫부분은 돌로 쌓은 것이 많다. 흙은 물에 약해 비를 맞지 않도록 기와나 용마름으로 덮는다. 용마름은 술 취한 대주 양반의 걸음걸이처럼 비틀거릴 때가 더 힘차게 보인다. 직선 레일 위를 달리는 기차나 똑바로 가는 배보다는 거품을 만들며 용틀임을 치는 모습이 생동감 있게 보이듯이 담도 마찬가지이다. 군데군데 배가 툭 튀어나와 있으면 후덕해 보이기까지 한다.

담이 골목을 만든다. 늘 다니는 길이지만 골목에 들어서면 어린 시절 느꼈던 어머니의 품속처럼 포근함마저 들 때가 있다. 구불구불한 골목길이 만든 동네에서 태어난 나는 바람처럼 그 길을 따라 수없이 나갔다 들어오기를 반복하면서 성장했다. 나뭇가지처럼 뻗어 있는 작은 골목 끝에는 열매처럼 집들이 달려 있다. 나를 키워준 그 골목에 들어서면 성난 바람도 급하게 들어오는 세찬 바람도 부드러워진다. 담은 자신의 긴 팔로 모두를 감싸 안으며 어르고 달래주는 것 같다.

찬바람을 막아주는 담은 울타리보다 따뜻하다. 태양의 뜨거운 열기를 가득 머금고 새끼에게 먹이를 뱉어주는 어미처럼 천천히 복사열을 뿜어내 노란 민들레꽃과 보랏빛 제비꽃을 피운다. 낮이 길어져 더위가 찾아오면 담쟁이와 수세미는 작은 돌들을 움켜쥔 채 고개를 치켜들고 담벼락을 따라간다. 어디가 끝인지도 모르면서 밤마다 조금씩 앞으로 기어간다. 밤이슬에 고사리처럼 움츠렸던 용마름의 박꽃이 양산처럼 활짝 날개를 펴면 벌도 나비도 날아와 춤을 춘다. 초록 담쟁이가 붉게 물들고 가을 하늘에 빨간 홍시가 점을 찍으면 용마름 위에 누런 호박이 제 모습을 드러낸다. 담은 이들이 의지하고 살 수 있도록 모든 것을 다 내어준다.

겨울에는 찬바람을 여름에는 햇살을 막아주던 담 밑에는 언제나 사람 소리가 났다. 남자아이들은 땀이 날 때까지 온몸으로 딱지치기를 하고 여자아이들은 사방치기를 하거나 치마를 펄럭이며 고무줄놀이를 했다. 여름에는 평상 위에 손자들을 잠재우는 할머니들이 모여들고, 아이들은 풀물이 들어 손톱이 까맣게 된 줄도 모르고 햇살을 등지고 뭔가를 주절거리며 열심히 만들었다. 놀다가 다투기도 하고 싸우기도 하는 곳이라 언제나 시끄러웠다.

사람들은 골목길을 오고 간다. 날마다 이 길을 따라 어디론가 나갔다가 해가 지고 땅거미가 내리면 필름을 되감듯이 집으로 돌아온다. 이렇게 드나드는 발소리만 듣고도 어머니는 아버지인지 아들인지 구별을 했다. 어떨 때는 발걸음 소리를 듣고 기분까지도 다 알아냈다. 아들이 멀리 떠나는 날 어머니는 담을 보며 남몰래 눈물을 훔치고 아버지는 애잔함에 속눈물을 흘렸을 것이다. 그 골목에는 지금도 장성한 자식들을 다 떠나보낸 노인들이 날마다 골목에 쪼그리고 앉아 지나가는 사람을 쳐다본다.

담은 동네에서 일어난 대소사도 다 보았다. 아버지와 할아버지가 태어나 자라난 과정부터 지금까지 걸어온 역정도 다 알고 있다. 담을 돌아 시집을 오고 골목길을 따라 장가를 간 것도 다 지켜보았다. 태어나 처음 우는 아이의 울음도 담을 타고 넘었고 마지막으로 이승을 떠나는 구성진 선소리도 이 골목에서 시작되었다. 가마를 타고 들어오는 것도 꽃상여를 타고 나가는 것도 다 지켜보았다. 오랜 세월 마을을 지켜왔던 이런 담들은 시멘트 만능주의라는 큰 물결에 휩쓸려 대부분 사라져 갔다. 담쟁이도 수세미도 쉽게 붙잡을 수 없는 블록담은 군기가 바짝 든 의장대처럼 부동자세를 취하고 있어 어떤 말도 쉽게 붙일 수가 없다. 마치 긴 사열대 앞을 지나가는 것 같아 눈을 깔고 지나간다.

나에게도 돌담처럼 든든한 할아버지와 아버지가 계셨고 토담처럼 따스하고 정겨웠던 형님들도 있었다. 언제까지나 외풍을 막아주고 햇살을 모아줄 것 같았던 담은 한쪽이 무너지자 연거푸 허물어졌다. 어느새 내가 돌담과 토담이 되어 외풍에 맞서고 있다. 날이 갈수록 불어오는 작은 바람에도 두려움은 커진다.

변화의 물결

전교생이 운동장에 다 모였다. 초등학교 2학년이었던 나도 맨 뒷줄에 섰다. 오래된 교사가 허물어져 증개축을 하느라 오전 오후반으로 수업하던 때였다. 저학년은 교실이 없어 나무 밑이나 교회 같은 건물을 빌려 수업을 했다. 이곳저곳에 흩어져 수업하던 전교생이 그날 다 모인 것이었다.

도로에서 국기를 흔든다고 했다. 교장선생님이 한참 동안 설명을 했지만, 수업을 안 한다는 말만 귀에 쏙 들어왔다. 나머지는 무슨 말인지 이해가 잘 안 되었다. 담임선생님은 장난치지 말고 신호에 따라 국기를 흔들라고 했다. 수업을 전폐할 정도로 중요한 손님이 누군지 우리는 몰랐다.

그때는 수업 대신 다른 곳에 아이들이 많이 동원되었다. 언제부턴지 관습처럼 자주 그랬다. 해마다 송충이를 잡는 날이나 식목일에는 산으로 갔고, 농번기는 집안일을 도운다고 며칠씩 가정실습을 했다. 날이 가물면 삽이나 세숫대야를 들고 논으로 가고, 반공 강연이나 궐기대회에도 동원되었다. 운동장에 깔 자갈과 모래를 구하러 강으로 가고 난로의 불쏘시개를 주우러 산으로 가기도 했다.

모두가 아스팔트로 잘 포장된 신작로로 나갔다. 얼마 전까지만 해도 차가 지나갈 때마다 뽀얀 먼지나 흙탕물을 뒤집어쓰던 자갈길이었다. 아이들의 얼굴에는 언제나 땟물이 흘렀다. 길가의 나무와 풀은 더했다. 초록색은 없고 언제나 뿌연 흙먼지 색뿐이었다. 가끔 차바퀴에서 자갈이 튕기기 때문에 자갈길을 걸어가는 것도 위험했다. 우리는 그 길을 따라 학교에 다녔다. 그 길이 얼마 전 아스팔트로 포장된 것이다.

전교생이 까맣게 잘 포장된 길 양쪽에 늘어섰다. 줄이 얼마나 긴지 보려고 머리를 살짝 내밀었지만, 끝이 잘 보이지 않았다. 자리 배치가 끝나자 선생님은 성조기와 태극기를 나눠주었다. 급하게 만들었는지 얇은 종이에 인쇄된 국기는 잉크가 번져 있었다.

빨갛고 파란색이 돋보이는 작은 깃발은 가을 하늘과 잘 어우러졌다.

길가에서 하늘거리는 코스모스는 선녀가 춤을 추는 것 같았다. 가냘픈 허리의 맑고 깨끗한 꽃들은 작은 바람에도 흔들리고 있었다. 코스모스의 꽃밥에는 작은 벌들이 털 달린 발로 노란 꽃가루를 파헤치기 바빴고, 간혹 꿀샘에 머리를 박고 정신없이 꿀을 찾는 벌도 있었다. 검정 고무신이나 맨손으로 꽃에 붙은 벌을 잡는 친구들도 있었다. 어떤 친구들은 꽃잎을 퐁당퐁당 따내고 하늘 높이 날렸다. 파란 가을 하늘을 차고 오르던 꽃은 바람개비가 되어 빙그르르 돌면서 내려왔다. 하얗고 빨간 바람개비가 파란 하늘을 수놓았다. 기다리다 지친 친구들은 너도나도 따라 했다.

들에는 가을걷이가 한창이었다. 벼를 베거나 말린 벼를 걷는 사람들이 보였다. 그해도 예년처럼 대풍이라고 했다. 마을 입구 돌담에는 밀짚모자를 쓴 대통령이 벼를 한 아름 안고 환히 웃고 있었다. 언제나 풍년이라고 하지만 삶은 전혀 나아지지 않았다. 농자가 천하의 근본이라며 늘 땅을 파고 씨앗을 뿌리지만 하루 세끼 밥을 먹기도 힘들었다. 추수철이 다가오기도 전에 쌀독의 바닥이 드러나는 집이 많았다. 벼를 수확하는 일보다 중요한 것은 없었다.

차 없는 도로에는 정적이 흘렀다. 어쩌다 도로에 오물을 치우는 사람이 보일 정도였다. 가축이나 지게 진 사람은 나오지도 못하게 했다. 간혹 다니던 고물차들은 이유도 모르고 골목으로 끌려들어 갔다. 경찰들은 무슨 난리라도 난 것처럼 호루라기를 불어대며 바쁘게 뛰어다녔다. 어디서 왔는지 알 수 없는 카빈 소총을 멘 경찰들이 도로 중간마다 마네킹처럼 서 있었다.

모두가 지쳐갈 무렵 멀리서 불빛이 나타났다. 전쟁의 상흔이 채 가시지도 않은 가장 가난한 나라에 세계 최고 부자나라인 미국 대통령이 온 것이다. 말이 공업 도시지 이제 막 읍에서 시로 승격된 아무것도 없는 작은 포구에 무엇을 보러 왔는지, 어떤 대가를 바라고 왔는지 우리는 아무것도 몰랐다. 벌건 대낮에 헤드라이트를 켠 독일제 오토바이 몇 대가 굉음을 울리며 다가왔다. 반질반질한 흰 헬멧에 검은 선글라스며 가죽옷을 입은 경찰들이 타고 있었다. 이상한 바지에 가죽 부츠를 신은 경찰들은 마치 독일 나치 시대의 군인처럼 위압적이었다. 우람한 오토바이 뒤에는 처음 보는 검은색 대형 승용차들이 줄지어 나타났다.

그때 선생님의 신호가 떨어졌다. 우리는 국기가 찢어질 정도로 열심히 흔들었다. 나도 국기를 흔들었다. 대통령을 보려고 했지만, 승용차의 검은 유리만 보였다. 차들은 순식간에 다 지나갔다. 누구도 대통령을 본 사람은 없었다. 미국 대통령도 우리 대통령도 보지 못한 우리는 놀란 닭처럼 서로 쳐다보며 힘없이 국기를 내렸다. 다음 해 봄 독일 대통령과 호주 총리가 왔을 때도 똑같이 서서, 똑같이 기다리고, 똑같이 국기를 흔들었다.

그렇게 국기를 흔들 때마다 공업 도시는 하루가 다르게 변해갔다. 공단을 조성하는 불도저는 밤낮없이 검은 연기를 내뿜었고, 산허리를 자르고 논밭을 가로질러 넓은 도로가 만들어지자 까만 아스팔트로 포장했다. 식수와 공업용수를 공급할 댐도 몇 개 만들어졌다. 공단 가는 길에는 느닷없이 울산경비사령부가 들어오더니 요소마다 검문소가 설치되었다. 한국의 MIT라며 공과대학도 생겼다. 방송국과 호텔에 이어 문화원도 근처에 자리를 잡았다. 라디오만 틀면 산업수도나 울산공업단지란 말이 수식어처럼 따라 나왔다.

배밭이었던 석유화학공단의 정유공장 불꽃은 밤낮없이 타올랐다. 비료와 나일론 같은 화학 공장의 기공식이 줄을 이었다. 염전의 갈대밭이나 방어가 많이 잡히던 모래밭에도 거대한 자동차공장과 조선소가 자리를 잡았다. 잠자던 이 땅에 들이닥친 근대화의 물결은 희망의 물결이었다.

지금도 그 공장을 볼 때마다 깃발을 흔들었던 그때가 생각난다. 그곳으로 몰려가 공장을 키웠던 아이들도 이제는 다 퇴직을 했다. 가난한 나라가 공업 강국으로 탈바꿈하던 반세기 전의 이야기다.

■ 작품 해설

향수의 미학과 감성의 가족애

박 양 근
(문학평론가, 부경대 명예교수)

"꿈엔들"의 자전적 화소

문학은 사람의 심금을 흔드는 여러 화소로 이루어진다. 언제나 가슴을 설레게 하는 사랑, 청춘의 피를 충동질하는 전쟁, 살고 살아야 하는 의식주, 죽음에 대한 두려움을 씻어주는 신의 이야기 등은 동서고금을 통해 늘 문학의 선반 위에 올려진다. 그런데 나이를 먹을수록, 삶의 상처가 깊어질수록, 귀를 기울이고 싶은 이야기가 있다.

그것이 향수다. 향수는 원초적 상실의 감정으로서 사별과 탈향과 낯선 도시에서의 좌절이 빈번할수록 자괴심과 더불어 깊어진다. 촌아이가 도회인이 되었을 때 향수라는 서정적 윤활유가 없으면 어찌 힘겨운 삶을 견뎌나갈 것인가. 향수에 대한 글쓰기가 작가의 경건한 의무라는 사실을 유대인 음악가인 아널드 쇤베르크는 "이민자는 고국이라는 원천으로부터 영감을 공급받지 못하면 예술은 이내 말라버린다."라는 말로 대변하였다. 작가는 누구나 자신만의 망향가를 쓰려는 욕망에서 알 수 있듯이 체험성이 짙은 수필 장르에서 망향의 담론은 불가피하다.

김순경 작가의 향수애는 대대리를 모태로 한다. 그는 기계공학을 전공하고 동의과학대학교에서 자동차학과 교수로 근무하는 이공인이다. 문학과 거리가 있는 직업인임에도 대대리에서의 정감 어린 삶 덕분에 남다른 감성과 서정의 미학을 충일하게 이룰 수 있었다. 2016년 ≪수필과비평≫ 신인상을 수상하고 짧은 시일에 ≪대대리별곡≫을 상재할 수 있었던 것도 고향과 집안에 대한 회억이 분출한 결과라고 볼 수 있다.

김순경의 수필은 "차마 꿈엔들 잊힐리야."라는 화소를 중심으로 한다. 그에게 고향은 삶의 원천이면서 서사문학의 초석이다. 첫 수필집 ≪대대리별곡≫은 제목이 시사하듯 4대에 걸친 가족사를 펼쳐낸다. 소위 김순경의 망향적벽이고 전원록이다. 그만큼 그의 이야기는 설화구조를 통해 옛 시골의 면면을 생생하게 재현한다. 잘 익은 술 같은 비유와 따뜻한 담요 같은 어휘로 행간마다 사유의 여백을 남긴 조탁의 솜씨가 애향의 스펙트럼을 고스란히 전해준다.

펼치며 1. 대지의 울음과 혈연의 사별

김순경의 고향 대대리는 우시산국 시대로 거슬러 올라간다. 하지만 〈대대리별곡〉에서 "내가 태어난 마을은 고분군이 있던 곳이다."라고 회상하듯이 입향인들의 생활상은 땅속에 묻히고 오십여 호의 집성촌이 고분 터에 자리 잡으면서 집을 짓고 자손을 퍼뜨린다. 수천 년 동안 대대리에서 펼쳐진 삶은 그 주민들에게 향수라는 이미지를 부여해 준다.

작가의 회상은 마을을 가로지른 "작은 길"에서 시작한다. 그 길은 주민들의 삶을 잇댄 탯줄과 같다. 작가도 그 길을 오가며 성장하였고 마을을 떠났다. 무엇보다 아들로서 짐져야 하는 하중도 배웠다.

작가는 부단하게 고향이 무엇인가를 자문한다. 그에게 고향은 조부모이고 부모이고 형제들이다. 소이며 밭이며 친구들이다. 기쁨이고 눈물이다. 이런 질문은 문학적 상상을 자극한다. 미국의 지리학자 이-푸 투안Yi-Fu Tuan은 남달리 애착을 품은 장소를 토포필리아Topophilla로 설명하였다. 시공에 대한 공간애空間愛는 사람이 거쳐 온 상황 자체이듯이 김순경도 "대대리는 언젠가 다시 돌아가야 할 나의 고향"으로 풀이하면서 가문사를 덧붙이려 한다.

먼저 집향촌이 ≪삼국사기≫에 기록된 "우시산국의 터"였음을 고지한다. 발굴된 토기, 무기, 곡옥, 청동솥 등과 같은 화려한 유물이 일제 강점기 이후 도굴된 것을 개탄하면서 대대리에 향토애를 새롭게 접목시킨다. 그것을 위한 첫 번째 등장인물이 조부모이다. 그들은 "기름지고 넓은 들을 끼고 있는 배산임수의 마을"에 직접 아담한 집을 짓고 재물도 모았지만 자식들 때문에 바닥이 나자 동네를 떠나야 할 지경이 되었다. 할아버지가 산골 배미각단으로 가자고 말할 때 그 명을 거역하는 사람은 삼종지도를 숙명처럼 지켜온 할머니이다.

> "나는 안 간다." 그때 낮은 목소리가 들렸다. 떨리는 목소리에는 촉촉함이 묻어 있었다. 밥을 한술도 뜨지 않고 할아버지의 말을 듣고 있던 할머니였다. 나는 죽어도 이 집을 떠날 수가 없다며 반발하는 할머니의 목소리는 단호했다. 할아버지를 향한 할머니의 눈길은 설움과 서운함으로 눈물이 가득 고여 있었다. 어쩌면 반발이 아니라 애원하는 듯했다. 나는 천군만마를 얻은 것 같았다.
>
> —〈성주城主〉 일부

집성촌이 할아버지에게 가문의 상징이라면 할머니에게 집은 지켜야 할 종가의 상징이다. "나는 안 간다."는 단호한 어조로써 그녀는 집안의 진정한 성주임을 보여준다. 이후 할머니는 방심하지 않으려는 듯 집안을 쓸고 닦는다. 은비녀를 꽂고 손에 염주를 들고 먼저 간 자식들을 생각하며 바깥출입을 삼간다. 〈성주城主〉는 할머니의 일생이면서 조선 아낙들의 품격을 담아낸 점에서 가문사의 정점을 이룬다.

대대리마을은 작가가 중학교를 마칠 때까지 체험교실이었다. 동네에서 벌어지는 대소사는 학교가 할 수 없는 인간 됨됨이와 가풍과 사회윤리를 가르쳐주었다. 작가는 아버지보다 할아버지의 기질을 더 본받았다고 고백한다. 〈격세유전〉은 밖으로만 나가려는 아버지와 집안 대주의 역할을 평생 놓지 않았던 할아버지를 대비하면서 두 형이 죽으면서 장남이 되어버린 자아를 분석한다. 조손간의 두터운 믿음을 그려낸 〈할아버지의 가을 산행〉은 중학교 시절 추수가 끝난 늦가을에 어둠을 마다하고 할아버지를 마중하러 갔던 일화를 소개한다. 들과 강을 건너 8부 능선에 자리한 갈참나무숲을 지나 가마바위가 있는 산마루까지 홀로 오른 이유는 조금이라도 더 멀리 할아버지를 마중하여 칭찬을 듣기 위해서이다. 길이 어긋나 돌아오다가 징검다리에서 손자를 찾아 다시 집을 나온 할아버지와 만난다. 갓 중학생이 된 손자는 칠순 할아버지와 무언으로 가문의 혈육애가 무엇인지를 주고받는 가운데 남자의 역할은 가족을 보호하는데 있음을 알아차린다. 귀뚜라미 소리만 가득한 들판을 건너 귀가하였을지라도 작가는 무언으로 교감한 그때의 가르침을 잊을 수 없고 자신은 격세유전의 혈통임을 재확인한다.

대대리마을은 조국 근대화라는 변혁을 겪는다. 새마을운동의 기치를 높이 든 사람은 집안 장남이면서 마을 이장인 아버지이다. 남다른 안목과 포부를 품은 아버지는 농군이 될 수 없었다. 새마을운동은 아버지를 위한 시대의 부름이었다. 동네 사람들의 반대를 설득하여 뒷산 저수지에서 동네까지 수도를 끌어들이고 초가지붕을 슬레이트로 바꾸고 마을 산에 유실수를 심는다. 나아가 마을길을 넓히기 위해 한푼의 보상도 없이 아버지는 제 집을 무너뜨린다. 조부모의 시대를 거去하는 사변이었다.

> 어느 날 학교에서 돌아온 나는 깜짝 놀랐다. 마치 큰 지진이 지나간 것처럼 담과 흙벽돌 건물이 다 무너져 있었다. 동네에서 제일 단단하고 깨끗한 담과 흙벽돌로 지은 튼튼한 집이었다. 그뿐이 아니었다. 리어카집도 가마니틀집도 마찬가지였다. 나는 할아버지를 찾아 이게 어떻게 된 일이냐고 물었다. 할아버지는 모든 것을 포기한 듯 담배 연기만 길게 내뿜으셨다.
>
> – 〈아버지의 전성시대〉 일부

집이 부서진 사건은 가족에게는 모태가 사라지는 것과 같았다. 아버지의 신념에 의하여 "조용히 잠들었던 마을이 에너지가 넘치는 동네"로 바뀌는 시절이었지만 그때의 조부는 늙었고 김순경은 힘이 없는 어린 학생에 불과했다.

성인이 된 후 작가는 "다 좋은 것은 아니었다."라고 생각한다. 따라서 감상적인 어조가 없어진 것에 대한 아쉬움을 전달한다. "날렵하고 산뜻한, 꾸불꾸불하던, 정겨웠던, 소담스러운" 등의 형용사와 "사라졌다, 바뀌었다, 단절시켰다, 거둬갔다, 잃었다, 변했다." 등의 동사는 안타까움의 수사법으로 서로 호응한다. 무엇보다 작가에게 아버지는 새마을운동을 설계한 분이지만 "우리 집과 담을 제일 먼저 무너뜨린 당사자"로 기억된다.

작가가 기억하는 어머니는 대지를 지켜낸 두 번째 여성이다. 대가족 뒷바라지에 정신이 없었던 어머니에게 산기슭에 있는 조그마한 텃밭은 할머니에게 집이 그랬듯이 누구도 넘볼 수 없는 성역으로 자리한다. 농번기 때조차 아버지가 양복 차림으로 읍내로 나가면 어머니는 어린 김순경을 데리고 산기슭 밭으로 올라간다. 그곳에는 정성을 다하여 어머니가 가꾸는 갖가지 채소가 자란다. 하지만 작가에게 어머니의 이미지는 부지런한 촌부의 호미가 아니라 어느 봄날의 울음이다.

어느 해 봄 어머니를 따라 밭에 간 적이 있다. 깨 모종을 챙겨 들고 뒷산 새 밭으로 따라갔다. 말없이 일하던 어머니가 갑자기 혼잣말을 시작했다. 영문을 모르는 나는 하던 일을 멈추고 내가 무슨 잘못을 저질렀나 싶어 잔뜩 긴장했지만 시간이 지나면서 어머니의 넋두리라는 것을 알아차렸다. 조금 후 냇물이 흐르는 듯한 흐느낌이 들려왔다. 늦여름 햇살이 꼬불꼬불한 이랑을 덥히는 가운데 산꿩과 뻐꾸기 울음만 더욱 요란해졌다.

—〈그곳에는 아직도 산꿩이 울고 있을까〉 일부

고즈넉한 산골을 따라 어머니의 숨죽인 흐느낌과 산꿩의 울음이 퍼져나간다. 두 울음에 작가의 침묵이 절묘하게 첨가된 이 장면은 대대리마을에 흐르는 목가적인 풍경에 숨겨진 고단한 삶을 노출시킨 장면 중에서 백미로 간주할 만하다. 어머니가 숨죽여 흐느낄 때 영문을 모르는 소년은 묵묵히 "한 번에 두 포기씩 깨 모종만 건네준다." 그때의 늦여름 햇살과 꼬불꼬불한 이랑은 40여 년이 지나도 잊히지 않는다. 작가가 지금도 운신이 힘든 어머니를 자주 찾아 고향에 들리는 이유도 그 봄날의 흐느낌을 기억하기 때문이다.

작가는 트라우마 같은 충격을 받을 때마다 어른으로 성장한다. 할아버지를 찾아 밤길 마중을 나섰을 때, 아버지가 마을길을 내기 위해 집을 부숴버렸을 때, 어머니의 울음소리를 들었을 때, 소년은 눈물을 흘리지 않았다. 운명적으로 장남이 되어야 했던 소년은 남자답게 성장하게 위해서는 울지 말아야 한다는 사실을 경험으로 배운다.

산꿩이 울던 밭은 대대리 설화에 첨가된다. 조그만 채소밭이 새마을운동으로 만들어진 길보다 더 가슴 아픈 인으로 박여진다. 우시산국의 유물이 도굴당하고 황토 골목길이 시멘트 도로로 바뀌었다 하더라도 대대리의 진정한 설화는 평범한 사람들의 삶으로 이루어진다는 것이다.

> 삶의 전장 같던 동네가 적막에 휩싸여 간다. 살이 오른 하얀 감꽃이 연녹색 이파리 사이로 떨어지고, 밤꽃 향기가 동네를 덮어도 반기는 사람이 없다. 담 밑의 봉숭아는 사라지고 개망초가 주인 없는 집을 차지하고 있다. 그곳은 언젠가 다시 돌아가야 할 나의 고향이다. 내 고향 대대리에는 기억 속의 사람들만 살고 있다.
>
> —〈대대리별곡〉 일부

작가는 "산천은 의구한데 인걸이 간 곳 없네." 하고 노래하는 묵객墨客처럼 고향을 찾는다. 때가 되면 그는 자신의 출향을 귀향으로 바꿀 것이다. 무너진 누옥을 새로 짓고 어머니를 위해 봉숭아를 심고 집안 대주였던 할아버지를 추억하고 아버지에 대한 섭섭한 마음을 가라앉히고 앞서 간 형들을 그리워하면서 대대리를 복원할 것이다. 그것에 앞서 작가는 첫 수필집 ≪대대리별곡≫을 통해 심미적 귀향을 이루려 한다.

펼치며 2. 쇠의 서민성과 가족의 진경

작가라는 존재가 자아를 중심으로 하여 이루어진다면 개인의 삶은 가까운 혈연과의 관계를 바탕으로 한다. 김순경도 작가이기 이전에 사회인이고 가족의 일원이다. 남달리 고향과 혈연에 대한 애정이 깊은 작가이기도 하다. 진하지 않고 깊다고 표현하는 이유는 어린 시절부터 겪은 갖가지 역경이 그의 인품을 돋우고 타인을 이해하는 너그러움을 키워냈기 때문이다.

그는 고등학교부터 쇠를 다루고 연구해온 이공학자이다. 우연 이상으로 그가 태어난 곳은 철기문화가 융성한 우시산국의 옛 지역이다. 동시에 조부에 대한 끔찍한 효성을 지키며 가문과 가솔과 가족에 대한 의무감도 탄탄하게 중시하였다. 지정학적인 배경과 부침했던 집안의 역경에도 굴하지 않는 의지력과 낙천적인 성품은 고스란히 ≪대대리별곡≫에 반영되어 '글이 곧 사람이다.'라는 문학적 담론을 구축하였다.

한 청년의 꿈과 좌절을 담은 〈각자도생〉은 김순경의 성실성을 바탕으로 한다. 대학을 졸업하기도 전에 취업했던 국내 5위 안에 드는 재벌 회사가 공중분해되는 순간을 시점으로 하는 이 작품은 개인이 노력하여도 때로는 날개가 꺾일 수밖에 없는 냉엄한 현실을 고발한다. 부모라면 누구나 자신의 아들이 "사계절 흰 와이셔츠에 꽃무늬 넥타이를 매고 근무"하는 모습을 보고 싶어 한다. 작가도 "가장 먼저 출근하고 가장 늦게 퇴근"하는 성실파였지만 구조조정을 당하면서 근면과 충성이 아니라 곁눈치만이 살아남는 수단임을 알게 된다.

〈각자도생〉의 주제는 온갖 군데 이용되면서 끝내 버려지는 쇠의 신세와 같다는 놀라운 비유로 이어진다. 작가는 평생 쇠를 다룬 전문인답게 〈참귀족〉과 〈산화철〉 등의 수필을 통해 쇠를 인격체로 다루어 서민의 진정한 존재성을 밝혀낸다. 〈산화철〉에서 "흙에서 태어나 흙으로 돌아가는 인간들처럼 철도 어김없이 산화철로 돌아간다."는 말로써 순명의 철리를 밝혔던 작가는 〈참귀족〉에서 철의 서민성을 강조한다. 금은같이 선민의식과 처세가 뛰어난 금속도 있지만 철은 시골의 소처럼 헌신적이고 친화성이 강하고 끝까지 속성을 지켜내어 "오늘날의 진정한 귀족은 서민"이라는 명제를 세우게 된다. 금속을 통해 사회에 경종을 울리는 에세이의 진면목이 돋보이는 작품이다.

> 철은 그렇지 않다. 뛰어난 처세술도 고고한 성품도 없다. 위세를 부려본 적도, 누구의 지극한 사랑을 받아본 적도 없다. 예나 지금이나 마냥 가장 낮은 자리에 있다. 지금은 철기시대라고 쇠의 역할을 강조하지만 제대로 대접 한번 받아본 적이 없다. 산업의 쌀이라는 수식어도 점차 빛바랜 인용구가 되어간다. 하늘처럼 받들라고 가르치지만 늘 공허한 외침이었다.
>
> –〈참귀족〉 일부

철로써 만상의 순명과 서민성을 담아낸 작가는 이번에는 자신을 중심으로 한 혈연 계보를 소개한다. 선택한 모티프는 조부와 아버지와 자신의 기질을 대비한 〈격세유전〉과 호롱불빛을 받는 가족의 다정다감한 시골 풍경을 그려낸 〈호롱불〉과 형제애와 부정父情을 구현한 〈못다 전한 편지〉들로써 그의 감성과 문장력의 출처가 어디에 있는가를 밝혀준다

김순경은 원래 장남이 아니었다. 두 형이 먼저 세상을 뜸으로써 장손이 된 그는 두 형의 역할도 기꺼이 맡는다. 〈못다 전한 편지〉는 초등학교 3학년 때 쓴 국군 위문편지, 형이 입대하면서 띄운 편지, 입대한 아들에게 쓴 편지, 암으로 임종한 큰형에게 쓴

편지, 뇌종양에 걸린 둘째형에게 썼지만 읽히지 못한 편지…. 이것들은 세월이 흘러도 변함없는 형제애를 반추케 하는 매체이다. 메일과 카톡이 만연하는 요즈음에 진정한 소통이 무엇인가를 되새겨주기도 한다. 아울러 진심을 전하는 글이 문향을 지닌다는 그의 수필론을 살필 수 있는 역할도 한다.

> 글은 가슴 속 기억을 불러낸다. 글은 말보다 느리지만 울림의 폭이 크고 여운이 길다. 오래 묵힌 사연일수록 묵은지와 같이 깊은 맛이 난다. 질곡의 세월을 이겨낸 삶의 이야기가 때로는 감동을 주기도 한다.
>
> –〈못다 전한 편지〉 일부

가족애가 호롱불로 밝혀지고 편지가 형제애를 전달한다면 할아버지는 화랑 담배로 재등장한다. 손에서 담배를 떼지 못했던 할아버지를 위해 군대생활을 하는 동안 100갑을 모아 첫 휴가 때 가져나온다. "조선시대에 태어나 일제강점기를 보내고 참혹한 전쟁을 겪은 노인이 자신을 위로할 수단"은 담배뿐임을 잘 알고 있으므로 군인인 손자는 하루 종일 기차와 버스를 타도 지루한 줄 모른다.

> 집에 도착하자마자 화랑 담배 100갑을 할아버지 앞에 내놓았다. 필터도 없고 포장도 형편없었지만, 할아버지의 얼굴은 놀라는 기색이 역력했다. 포장을 뜯고 피워보시더니 좀 싱겁지만 좋다고 하시면서 환하게 웃으셨다. 이어서 한 개비를 더 피우셨다.
>
> —〈화랑 담배 100갑〉 일부

할아버지는 임종 때까지 손자의 화랑 담배를 손에서 떼지 않는다. 평소의 곰방대를 마다하고 거친 세상을 거쳐온 할아버지가 입맛에 맞지 않아도 피우는 이유는 담배가 효성의 표상임을 알기 때문이다.

형제간의 끈끈한 우애를 보여주는 대표작은 〈논매는 소년〉과 〈까까머리 이발사〉이다. 농촌 아이들은 어른에 못지않은 노동을 감내해야 한다. 논일은 아이들에게 밥벌이를 해야 한다는 농경사회의 교육이며 가족의 일원임을 인식시켜주는 공동작업이기도 하다. 김순경은 어린 시절부터 노동의 신성함을 깨우쳤지만 논바닥의 열기로 온몸이 익어갈 때면 하늘로 날아가는 백로의 비행을 끝까지 지켜보면서 "백로는 무논에서 벗어나고 싶은 나"라는 탈출의 꿈을 꾸기도 한다. 형제가 논일을 마치고 찾아가는 자유의 터는 부산에 있는 큰형의 자취방이다. 논일로 고생한 동생을 위해 형이 끓여준 된장찌개 맛을 "반세기가 지난 지금도 잊을 수 없다."고 감격해 하는 장면에서는 누구나 형제애에 울컥하게 된다.

세월이 흘러 아버지가 된 김순경은 대가족에서 체득한 우애를 자식에게 어떻게 보여줄까. 부자간의 믿음과 애정은 철야 술을 같이 마신 〈못난 아들〉에서 새삼 살필 수 있다. 30여 년 전 직장 문제로 한때 방황했던 김순경은 비슷한 처지에 놓인 아들이 어느 저녁에 "맛있는 걸 사 달라."며 팔짱을 껴주는 모습에 흐뭇해한다. 건강 때문에 술을 마실 수 없지만 세상에 어느 아버지가 그런 아들의 부탁을 사양할 것인가. 술잔을 앞에 두고 밤을 새우는 부자는 모두 장남이라는 동병상련을 느끼며 일순간에 가까워진다. 아버지와 대작을 한 번도 한 적이 없는 작가는 "내 아버지도 이런 기회를 기다렸지 않았을까."라고 자신의 못남을 후회하면서 아들을 대견해한다.

퓨전의 미학을 향하여

별곡別曲은 자신의 처지를 표현한 우리 고유의 글형식이다. 서정적 자아의 목소리로 대상을 읊는 형식을 현대적으로 말하면 서정수필에 가깝다. 대상이 무엇이든 자기희생적 마음을 담아낸 글이라면 별곡에 속한다.

김순경의 ≪대대리별곡≫은 수필시학의 전통을 잇는다. 대대리를 지켜보는 그의 측은지심과 주변 사람에 대한 이해심은 독자를 감동시키고도 남음이 있다. 수필집도 삼한 시대의 진한에 속했던 우시산국으로부터 글을 쓰는 시점까지, 조부로부터 아들에 이르기까지, 화랑 담배로부터 송아지까지, 청동정부터 산화철까지 펼쳐진 시점과 소재와 주제는 가문소설에 버금할 종횡의 규모를 갖추고 있다. 그뿐만 아니라 작품 곳곳에 배치된 수사법과 비유는 다채롭고 여유로워 ≪대대리별곡≫을 문장과 내용이 충일하도록 만들었다.

김순경의 수필시학은 과학과 인문학의 결합을 지향한다. 이공계에서 배운 과학성과 문학을 통해 연마한 서정미로써 수필 형식을 별곡으로 확대시킨 문학적 역량은 예사롭지 않다. 그 점에서 ≪대대리별곡≫은 고대국가의 터전에 현대 가족사를 펼쳐낸 가문록家門錄이라 하겠다.

김순경 수필집

대대리별곡

인쇄 2017년 8월 11일
발행 2017년 8월 21일

지은이 김순경
발행인 서정환
펴낸곳 수필과비평사
주소 서울시 종로구 삼일대로 32길 36(익선동 30-6 운현신화타워 빌딩) 305호
전화 (02) 3675-3885, (063) 275-4000 · 0484
팩스 (063) 274-3131
이메일 sina321@hanmail.net essay321@hanmail.net
출판등록 제300-2013-133호
인쇄 · 제본 신아출판사

ISBN 979-11-5933-098-8 03810
값 13,000원

이 도서의 국립중앙도서관 출판예정도서목록(CIP)은 서지정보유통지원시스템 홈페이지(http://seoji.nl.go.kr)와 국가자료공동목록시스템(http://www.nl.go.kr/kolisnet)에서 이용하실 수 있습니다.(CIP제어번호: CIP2017019493)

Printed in KOREA

※ 이 책은 2017년 한국문화예술위원회, 부산광역시, 부산문화재단 지역문화예술 특성화지원사업의 일부 지원을 받았습니다.